Carl Richter

**Fremdenführer von Bad Hall in Oberösterreich**

Carl Richter

**Fremdenführer von Bad Hall in Oberösterreich**

ISBN/EAN: 9783743378285

Hergestellt in Europa, USA, Kanada, Australien, Japan

Cover: Foto ©Andreas Hilbeck / pixelio.de

Manufactured and distributed by brebook publishing software (www.brebook.com)

Carl Richter

**Fremdenführer von Bad Hall in Oberösterreich**

# FREMDENFÜHRER

VON

# BAD HALL

IN

## OBER-ÖSTERREICH.

VON

### KARL RICHTER
APOTHEKER IN BAD HALL IN OBER-ÖSTERREICH.

MIT EINER SKIZZE DER VON HALL AUS SICHTBAREN GEBIRGSGRUPPEN.

BRAUMÜLLER'S BADE-BIBLIOTHEK No. 25.

---

WIEN 1868.

WILHELM BRAUMÜLLER
K. K. HOF- UND UNIVERSITÄTSBUCHHÄNDLER.

# Inhalt.

| | Seite |
|---|---|
| I. Lage und Clima des Curortes, sowie Beginn und Schluss der Saison | 1 |
| II. Heil- und Humanitätsanstalten von Hall | 3 |
| III. Badetarife der Badeanstalt | 8 |
| IV. Hausordnung für die Badeanstalt | 9 |
| V. Cur- und Musiktaxordnung für Hall | 13 |
| VI. Chemische Zusammensetzung des Haller Jodwassers | 18 |
| VII. Chemische Analyse des Haller Jodsalzes (Gebrauchs-Anweisung) | 20 |
| VIII. Sanitätspersonale in Hall | 21 |
| IX. Badevorwaltung | 22 |
| X. Gemeindeamt als Polizeibehörde | 23 |
| XI. K. k. Telegrafenamt | 23 |
| XII. K. k. Postamt nebst Postverbindungen mit Hall | 24 |
| XIII. Reiserouten von und nach Hall | 26 |
| XIV. Tarif über Fuhrlöhnungen für den Curort Hall | 30 |
| XV. Leihbibliothek | 32 |
| XVI. Vergnügen und Unterhaltung | 32 |
| XVII. Unterkunft und Verköstigung | 33 |
| XVIII. Spaziergänge, und Ausflüge zu Wagen | 37 |
| XIX. Indicationen für den Gebrauch der Cur | 53 |
| XX. Vergleichung des Haller Jodwassers hinsichtlich des Jod- und Bromgehaltes mit anderen Jodquellen | 54 |
| XXI. Literatur über Hall | 55 |
| XXII. Protestantische Kirche | 56 |
| XXIII. K. Richter's Haller Jod-Glycerin-Crême | 57 |

|   |   | Seite |
|---|---|---|
| XXIV. | Verzeichniss der Häuser, deren Besitzer und ihrer Beschäftigung, nebst Angabe der in denselben an Curgäste zu vermiethenden Wohnungen, Gärten, Stallungen und Wagenremisen | 59 |
| XXV. | Fahrgelegenheiten, sowie Bothen-, Stellwagenfahrt und Frachtenbeförderung im Curorte Hall | 67 |
| XXVI. | Bedeutendere Seen Ober-Oesterreichs und Salzburgs mit Angabe der Tiefe, Länge und Breite nach Wr.-Klaftern Längenmass und mit Angabe des Flächenmasses in Jochen | 68 |
| XXVII. | Gebirgs- und Ortshöhen in der Umgebung von Salzburg, Ischl, Gmunden und Hall | 69 |
| XXVIII. | Wohlmeinende Rathschläge während des Curgebrauches | 73 |

# I.

## Lage und Klima des Curortes, sowie Beginn und Schluss der Saison.

Der Curort Hall mit seiner starken jod- und bromhältigen Kochsalzquelle liegt in Oberösterreich, in diesem anmuthigen und reich cultivirten Lande, 1189 Fuss über der Meeresfläche, zwischen der Traun und Steyr am Rande einer kleinen Hochebene, an derem Fusse der Sulzbach durch das reizende Sulzbachthal fliesst.

Das Klima muss als ein höchst günstiges betrachtet werden. Anfangs Mai etwas kühl, aber nie unangenehm, wirkt die Luft dieser Gegend sehr wohlthätig belebend. Der September dagegen wegen der grösseren Beständigkeit der Witterung und seiner reinen, sehr durchsichtigen Luft, findet als der in Gebirgsgegenden schönste Monat von Naturfreunden den Vorzug. Durch das nahe Hochgebirge vor heftigen Windströmungen geschützt, wird wegen der freien und offenen Lage des Curortes die Sommerhitze nie so drückend, wie in den Thälern.

Die mittlere Temperatur während der ganzen

Curzeit, von Mai bis September ist nach 18jährigem Durchschnitte in Graden nach Réaumur folgende:

| Mai | Juni | Juli | August | September |
|---|---|---|---|---|
| 10.33 | 13.00 | 14.18 | 13.75 | 10.59 |

Staub belästiget hier Niemand — Regen ist wegen der Nähe der Gebirge wohl häufiger.

Die Bevölkerung ist gesund und kräftig — endemische Krankheiten kommen hier nicht vor.

Der Curort ist ein Markt mit 900 Einwohnern in 134 Häusern, und ist von den Eisenbahnstationen Steyr 2 Stunden, St. Peter 4 Stunden, Wels 3 Stunden, und Linz 4 Stunden entfernt.

Die Badeanstalten im Curorte Hall werden am 15. Mai eröffnet, und Ende September geschlossen.

Die Herren Badeärzte treffen gewöhnlich mit Beginn des Monats Mai in Hall ein, und können daher jene Curgäste, welche vor Beginn der Badesaison in Hall eintreffen, oder welche erst nach Schluss der Saison die Cur beginnen sollten, ebenfalls nur zu etwas höheren Preisen die Bäder gebrauchen.

Die ganze Badesaison zerfällt theils nach ihrem Besuche, theils nach ihren höheren und billigeren Preisen für Wohnungen und Lebensunterhalt in drei Abstufungen; in die erste oder frühe Saison vom 15. Mai bis 1. Juli; — in die Hauptsaison vom 1. Juli bis 15. August; und in die letzte oder späte Saison vom 15. August bis letzten September. Die Preise sind in der Hauptsaison die höchsten.

In der Früh- und Spätsaison sind die Preise für Wohnungen niedriger.

Trotzdem sind aber die erste und letzte Saison nicht nur in Hall, sondern so ziemlich in allen Badeorten, im Vergleiche zur Hauptsaison, immer schwach besucht, und herrscht diesbezüglich wenigstens hier bei uns der Glaube, dass die Monate Mai und September bei uns ganz winterliche sein müssten. — Ich erlaube mir, dieses zu verneinen, und besonders die Curgäste sowie die Herren Professoren und Doktoren aufmerksam zu machen, dass die Witterungsverhältnisse im Mai und September im Bad Hall in Oberösterreich die schönsten, prachtvollsten und auch beständigsten sind; dass die Preise der Wohnungen, der Gasthäuser, sowie aller Verkehrs- und Lebensmittel in der ersten und letzten Saison immer billiger sind, und kann daher allen jenen Curgästen, welche in Hall billiger eine Cur durchmachen und mit ihren Familien gleichzeitig einen angenehmen und billigen Sommeraufenthalt verbinden wollen, den Besuch des Curortes Hall in der ersten und letzten Saison auf das Wärmste empfehlen.

## II.
### Heil- und Humanitätsanstalten von Hall.

*a)* Heilanstalten sind:

1. Das Curhaus mit seinen Bädern.

Die Bäder sind Einzelnbäder und werden im Erdgeschosse des Curhauses in Holz-, Cement- und Porzellanwannen gegeben, und sind die Badekabinete zum grössten Theil mit Oefen, und die der ersten Classe auch mit Vorzimmern versehen. Es gibt Bäder der 1., 2. und 3. Classe, die Gesammtmenge des täglichen Jodsoolen-Zuflusses beträgt 380 Eimer und befindet sich während der Badezeit ausser diesem constanten Zufluss in 2 Reservoirs eine vorräthige Jodwassermenge von 16.000 Eimern. Im heurigen Jahre wurde mit dem Baue eines dritten Reservoirs auf 10.000 Eimer noch begonnen, daher dann ein Vorrath von 26.000 Eimer zur Verfügung steht. Es ist dieses eine solche Menge, dass um tausende mehr Bäder verabfolgt werden könnten, als wirklich verabfolgt werden. Ausserdem ist es eine erwiesene Thatsache, dass das Wasser in den Reservoirs, der geringen Verdunstung wegen, an Concentration gewinnt. Würde an unserer Quelle eine so grosse Menge von Kranken Heilung suchen, als Mineralwasser für ihre Heilung vorhanden ist, so könnten sich die Haller glücklich schätzen.

## 2. Die Trinkhalle.

Diese ist 5—7 Minuten vom Curhause entfernt und liegt an dem Quellenursprunge, im untern Parke der Badeanstalt. Die Trinkquelle, welche von ihrem Ursprunge im Schachte in die Trinkhalle geleitet wird, ergiesst sich alldort in eine Schale aus Granit. Die Ergiebigkeit der Trinkquelle beträgt 36 Eimer per Tag. In der Höhe der Badesaison werden 3 bis 400 Einzelnbäder abgegeben. Bezüglich der Quelle, besonders der Benützung zur Trinkcur und zur Badecur erwähne ich Folgendes:

Nachdem die Quelle in den Besitz des Landes Oberösterreich überging, wurde der Quellenschacht namhaft erweitert und vertieft, ausgedehnte Stollen zur Ansammlung des Wassers angelegt, und durch Bohrlöcher, die von seiner Sohle aus in die Tiefe getrieben wurden, neue Quellen eröffnet. Die Trinkquelle, deren Mündung in dem Schachte bei diesen Arbeiten gefunden wurde, wird in einer besonderen Leitung aufgefangen und zu Tage geführt und zu den Flaschenfüllungen und zur Trinkcur verwendet, während das aus dem Gesteine des Schachtes und der Stollen sickernde und das aus den Bohrlöchern sich ergiessende Wasser im Schachte und den Stollen gesammelt und als Badewasser mittelst eines Pumpwerkes in das Badehaus getrieben wird.

### 3. Das Dampfbad.

Im Curhause befinden sich noch ein Dampfbad für gewöhnliche und Jodwasserdämpfe, die hiezu nöthigen Douchen, die Einrichtungen für Sitz- und Localbäder und für Inhalationscuren.

### 4. Das Kaltbad.

In den die Trinkhalle umgebenden Parkanlagen befindet sich auch ein Kaltbad mit Douchen, und ist dieses Kaltbad für Herren täglich von 7—10 Uhr Vormittags und von 5—8 Uhr Nachmittags und für

Damen täglich von 10—1 Uhr Vormittags und von 3—5 Uhr Nachmittags geöffnet.

Die Karten in das Kaltbad werden in der Badekanzlei im Curhause vorher gelöst, weil im Kaltbade keine Casse und ohne Badekarte der Eintritt nicht gestattet ist.

5. **Die Molken- und Mineralwasser-Curanstalt**

des Apothekers C. Richter befindet sich in dessen Garten gegenüber dem Curparke. Es wird täglich von 6—8 Uhr Ziegenmolke ausgeschenkt. Man fange mit 1 oder 2 Becher an, steige allmälig und beende die Cur wieder in abnehmender Weise. Zwischen jedem Becher mache man $1/4$ stündige langsame Bewegung. Die Molke soll im nüchternen Magen genommen werden und wird häufig mit Jodwasser oder einem andern Mineralwasser vermischt getrunken. Es befinden sich 30 Sorten der beliebtesten natürlichen Mineralwässer zu den im Verzeichnisse angesetzten Preisen stets am Lager. Alle jene Curgäste, welche eine Molkencur oder Mineralwassercur beginnen, werden ersucht, den Bedarf oder die Abbestellung der Molke oder des Mineralwassers immer um einen Tag früher anzuzeigen.

*b*) **Humanitätsanstalten.**

Die Humanitätsanstalten von Hall sind:

1. Das Armenbadspital (ordin. Arzt: Dr. Rabl).
2. Das Elisabeth-Kinderspital (ordin. Arzt: Dr. Rabl).

3. Das Militär-Zöglings-Spital (ordin. Arzt: Dr. Schuber).

Das Armenbadspital dient zur Aufnahme erwachsener Kranker, welche mit einem legalen Armuthszeugnisse und einer Verpflegsgebühr von 12 fl. pr. Monat versehen sind.

Das unter dem Protectorate Ihrer Majestät der Kaiserin Elisabeth stehende Kinderspital für Kinder von 5—14 Jahren, von mehr als 50 Betten Belegraum, nimmt:

a) zahlende Pfleglinge zu 1 fl. Verpflegsgebühr;

b) arme, mit einem Armuthszeugnisse versehene Kranke, welche eine Verpflegsgebühr von 40 kr. pr. Tag erlegen, und

c) noch solche arme Kranke auf, deren Aufnahme, Erhaltung und Reisekosten aus dem Vereinsfonde bestritten werden.

Die Kranken der beiden ersten Kategorien werden jederzeit, wenn es der Belegraum gestattet, ohne Anmeldung aufgenommen, jene der dritten Kategorie müssen ein, mit dem Geburtsscheine, Armuths- und ärztlichen Zeugnisse versehenes Gesuch entweder an die in Wien befindliche Central-Direction des Elisabeth-Kinderspitales, oder an einen der Stifter, als: Landesausschuss von Ober-Oesterreich, Stadt Linz, Fürst Schwarzenberg, Fürst Batthyani - Strattmann, niederösterreichischen Landesausschuss, Stadt Wien richten.

Das Militär-Zöglings-Spital.

Zur Aufnahme in dieses Spital kamen bis jetzt nur Militärzöglinge.

## III.
### Bade-Tarife.

| | | |
|---|---|---|
| I. Classe: | Ein Jodbad I. Classe Vormittag wie Nachmittag . . . . | fl. —.80 |
| II. „ | Ein Jodbad II. Classe Vormittag . . . . . . | „ —.56 |
| III. „ | Ein Jodbad II. Classe Nachmittag . . . . . | „ —.35 |
| I. „ | Ein Reinigungsbad I. Classe Vormittag wie Nachmittag. . | „ —.60 |
| II. „ | Ein Reinigungsbad II. Classe Vormittag . . . . . | „ —.40 |
| III. „ | Ein Reinigungsbad II. Classe Nachmittag . . . . . | „ —.30 |
| Ein Sitzbad sowie alle örtlichen Bäder . . | | „ —.30 |
| Ein Dampfbad . . . . . . . | | „ 1.— |
| Für die kalte Douche . . . . . | | „ —.50 |
| Ein Ausfuhrbad in den Markt Hall . . . | | „ 1.— |
| Ein Kalt- oder Schwimmbad ohne Wäsche. | | „ —.10 |
| „  „  „  „  mit Benützung einer Schwimmhose und eines Bademantels | | „ —.20 |
| Das Heitzen eines Badecabinetes . . . | | „ —.20 |
| Benützung eines Bademantels und eines Handtuches . . . . . . . . . . | | „ —.10 |
| 1 Eimer Jodwasser . . . . . . | | „ 2.— |
| 1 Mass Jodwasser . . . . . . . | | „ —.10 |

1 Flasche Jodwasser . . . . . fl. —.21
1 Pfund Jodsalz in Flaschen gefüllt. . „ 3.—
¼ Pfund Jodsalz . . . . . . . . . „ —.80

Das Trinken an der Quelle ist unentgeltlich, jedoch nur gegen ärztliche Ordination gestattet.

Das zum Hausgebrauche benöthigte Jodwasser wird an Curgäste bis zur Menge von ¼ Mass täglich unentgeltlich, gegen ärztliche Ordination, verabfolgt.

Auch Armen und Ortsbewohnern wird das Jodwasser in Quantitäten bis zu ¼ Mass täglich gegen ärztliche Ordination unentgeltlich verabfolgt.

Bestellungen auf Jodwasser und Jodsalz übernehmen die landschaftliche Badeverwaltung in Hall, und das Generaldepôt des Herrn F. M. von Haselmayer's Erben in Linz, natürlich gegen Baarsendung oder Nachnahme des Betrages.

IV.
### Hausordnung für die Badeanstalt.

Die Haller Curanstalten werden alljährlich am 15. Mai eröffnet, und Ende September geschlossen.

Die Bestellung und Vorausbezahlung der Bäder hat in der Badekanzlei zu geschehen, ebenso die Absage. Ist die Absage nicht wenigstens eine Stunde vor der bestimmten Badezeit erfolgt, so hat der Badegast für das unbenützt gebliebene Cabinet oder Ausfuhrbad ein Badebillet abzugeben.

Die Badestunden, welche in der Regel von 5 Uhr Früh bis 1 Uhr Mittags, und von 2 Uhr bis 5 Uhr Abends dauern, werden nach der Reihe der Anmeldung vergeben. Zur Ueberzeugung der P. T. Badegäste hängt in der Kanzlei eine eigene Stundentafel.

Das Kaltbad ist Vormittags von 7 – 10 Uhr für Herren, und von 10—1 Uhr für Damen; Nachmittags von 3—5 Uhr für Damen, und von 5—8 Uhr für Herren geöffnet.

Die Badedienerschaft darf kein Bad bereiten, ohne zuvor das Badebillet erhalten zu haben; eben so ist es der nöthigen Controle halber derselben untersagt, die Gebühr für Bäder zu übernehmen.

Für den Gebrauch eines einfachen oder eines Mineralwasserbades ist eine Stunde mit Inbegriff der zur Badebereitung und Zimmerlüftung nöthigen Zeit, für ein Dampfbad sind $1\frac{1}{2}$ Stunde gewährt.

Nach jedem Bade wird die Stube gelüftet und gereinigt, die Wanne ganz entleert und gesäubert.

Die Wanne wird in Gegenwart des Badegastes mit Süsswasser gefüllt, vor seinen Augen das vom Arzte verordnete Jodsoolenquantum gemessen und hineingeschüttet, endlich die Temperatur mittelst des Thermometers genau bestimmt.

Die Badedienerschaft wird strengstens zur Reinlichkeit verhalten. Die P. T. Badegäste werden ersucht, behufs der Reinhaltung der Luft in den Badecabineten das Tabakrauchen und die Anwendung stark riechender Salben und Einreibungen zu unterlassen. Für den Schaden, welchen die Badewäsche durch Verunreinigung mit Höllenstein erleidet, hat der Curgast Ersatz zu leisten. Bei Anwendung von Eisenkugeln oder Schwefelleber, als Zusatz zu Bädern, hat der Curgast selbst für ein Wannentuch und für den Bademantel zu sorgen.

In jedem Badecabinete befindet sich ein Glockenzug zur Herbeirufung der Badedienerschaft.

Die erforderlichen Belebungsmittel sind in der Badekanzlei stets vorhanden.

Unordnung oder Nachlässigkeit der Badedienerschaft wolle man in der Badekanzlei unverzüglich anzeigen, damit die Badeverwaltung das zur Abhilfe Nöthige einleiten kann.

Dem untergeordneten Dienstpersonale ist es bei strenger Ahndung untersagt, Geschenke oder Trinkgelder von Badegästen oder von Personen, welche das Badhaus besuchen, anzusprechen oder anzunehmen. Derlei Gaben wollen in der Badekanzlei abgegeben und der Betrag eigenhändig vom P. T. Geber in ein zu diesem Behufe aufgelegtes Buch eingetragen werden. Der Gesammtbetrag wird nach Schluss der Saison an das Dienstpersonale vertheilt.

Personen, welche so arm sind, dass sie die Kosten der Jodbäder zu bestreiten nicht vermögen, können sich um unentgeltlichen Gebrauch der Jodbäder bewerben, wozu der Landesausschuss die Bewilligung ertheilet. Es ist zu diesem Ende ein legales Armuthszeugniss des Vorstandes ihrer Heimatsgemeinde, des Pfarrers daselbst über die gänzliche Mittellosigkeit der Bewerber, dann ein Zeugniss eines Arztes über die Nothwendigkeit des Jodbadgebrauches beizubringen.

Die Badeverwaltung hat derlei bei ihr vorkommende Bewerbungen wochentlich mit Verzeichniss an den Landesausschuss zu leiten, welcher nach Thunlichkeit mit Rücksicht auf die Frequenz der zahlenden Badegäste und die Entbehrlichkeit des Jodwassers die Anweisung zur entsprechenden Zahl der unentgeltlichen Bäder ertheilen wird.

Der Cursaal und die Conversationslocalitäten werden Morgens um $6^1/_2$ Uhr den Curgästen geöffnet und mit Ausnahme der Abende, an welchen Soirécn stattfinden, um 9 Uhr Abends geschlossen. Der Trinksaal ist von 6 Uhr Morgens bis 8 Uhr Abends geöffnet. Die Trinkquelle ist der Benützung des P. T. Cur-Publikums nur in den Trinkstunden von 5—10 Uhr Vormittags und von 5 6 Uhr Abends überlassen.

Das Tabakrauchen ist nur im Billard- und Rauchzimmer gestattet, im Cursaale, in der Trinkhalle und in den andern Conversationslocalitäten aber untersagt.

Die Benützung des im Cursaale stehenden Fortepiano ist nur zu concertanten Productionen bewilligt. Der Besuch des Füllhauses, der Magazine und aller Maschinenlocalitäten ist mit Bewilligung der Badeverwaltung gestattet.

Ueber bezahlte Badegebühren werden keine gestempelten Quittungen ausgestellt; wenn solche jedoch ausnahmsweise nöthig sein sollten, hat die Partei die erforderlichen Stempel aus Eigenem zu bestreiten.

## V.
## Cur- und Musiktax - Ordnung.

Im Einvernehmen mit dem oberösterreichischen Landesausschusse wird für den Badeort Hall die nachstehende Cur- und Musiktax-Ordnung erlassen:

### §. 1.

Die Curzeit in Hall beginnt mit dem 15. Mai und schliesst mit dem letzten September.

### §. 2.

Jeder Fremde, der in diesem Zeitraume zu Hall länger als drei Tage verweilt, wird als Curgast angesehen, und ist zur Entrichtung der Cur- und Musiktaxe verpflichtet.

### §. 3.

Die Curtaxe beträgt für Personen aus den höheren Ständen und für Bemittelte fünf Gulden ö. W., für minder Bemittelte drei Gulden ö. W., für die Familienglieder (worunter jedoch nur Frauen und Kinder zu verstehen sind), dann für Gesellschafter, Hofmeister, Erzieherinnen und Bedienstete höherer Kategorie Einen Gulden ö. W. und für die Dienerschaft 50 Kreuzer ö. W. für die Person.

### §. 4.

Die Einhebung der Curtaxe erfolgt durch den Quartiergeber, der auch für die richtige Abfuhr zu haften hat.

### §. 5.

Der Quartiergeber (worunter auch die Gastwirthe zu verstehen sind) ist gehalten, die ihm von der Gemeindevorstehung unentgeltlich erfolgten Meldbögen, welche auch die Curfassionsrubriken enthalten, seinen Wohnparteien sogleich vorzulegen.

Der auf diese Art in allen Rubriken, daher im Falle des §. 2 auch in den Fassionskolonnen, ausgefüllte Meldungszettel ist, wenn der Fremde in den Vormittagsstunden ankömmt, an demselben Tage, wenn aber die Ankunft Nachmittags oder Nachts erfolgt am nächsten Vormittag — zur Vermeidung der im Strafgesetze für die Uebertretung der Meldungsvorschriften festgesetzten Ahndung — der Gemeindevorstehung zur Eintragung und zur Bestätigung oder Richtigstellung der Fassion zu übergeben.

An die Gemeindevorstehung ist auch der eingehobene und richtig befundene Taxbetrag abzuführen, wornach der Meldungsbogen, mit der Zahlungsbestätigung versehen, der gemeldeten Partei wieder zurückgestellt wird.

Bei einer vor dem Beginne des vierten Tages erfolgenden Abreise wird der erlegte Taxbetrag zurückgestellt.

Die Quartierträger haben ihr Augenmerk auch

auf die von ihren Wohnparteien nachträglich aufgenommenen Personen zu richten, und für deren Meldung und für die Einhebung und Abfuhr der auf dieselben entfallenden Taxen in gleicher Weise zu sorgen.

§. 6.

Die Meldungs- und Fatirungsregister der Gemeindevorstehung dienen zur Controle der Einzahlung. Verweigerte Taxbeträge werden nach der kaiserlichen Verordnung vom 20. April 1854 (Reichsgesetzblatt Nr. 96) eingetrieben.

§. 7.

Von der Entrichtung der Curtaxe sind befreit:
a) Alle Jene, welche sich mit einem legalen Armuthszeugnisse ausweisen;
b) jene Curgäste, welche die Cur-Commission aus besonderen Gründen der Zahlung enthebt.

§. 8.

Die Curtaxbeträge fliessen in den Curtaxfond, dessen Widmung in der Bestreitung der für das Vergnügen der Badegäste und die Annehmlichkeit des Badeortes bestimmten Auslagen besteht, insoferne diese nach den allgemeinen Vorschriften nicht von dem Curorte oder seinen Bewohnern zu tragen sind.

§. 9.

Die Gebarung mit dem Curtaxfonde kommt der Curcommission zu, welcher die Uebernahme, Verwahrung, Verwendung und Berechnung der Curtaxe obliegt.

§. 10.

Die Bademusikgesellschaft ist gehalten, täglich dreimal öffentliche Productionen zu veranstalten, so wie die Tanzmusik bei den wöchentlichen Unterhaltungen zu leisten. Die von derselben bisher jedem Curgaste bei der Ankunft und Abreise gebrachten Ständchen, sowie die Sammlung von Beiträgen im Subskriptionswege haben zu unterbleiben.

An deren Stelle tritt eine fixe Musiktaxe (§. 2), welche von jedem Curgaste mit zwei Drittel der fatirten und richtig gestellten Curtaxe zu entrichten ist.

§. 11.

Für die Fatirung, Einhebung und Abfuhr der Musiktaxe gelten dieselben Vorschriften wie für die Curtaxe (§§. 4, 5, 6).

Die Befreiung von der Curtaxe (§. 7) bringt auch die Befreiung von der Musiktaxe mit sich.

§. 12.

Sammlungen von Seite des Curortes sind nicht gestattet.

Dagegen enthält der Meldungsbogen eine eigene

Rubrik für freiwillige Spenden der Curgäste zu Gunsten des Haller Armenbadspitales und sind die in dieser Kolonne gezeichneten milden Gaben gleichfalls an die Gemeindevorstehung abzuführen, welche sie ihrer Bestimmung zuleitet.

§. 13.

Diese Taxordnung tritt mit dem 15. Juli dieses Jahres in Wirksamkeit und ist in dem Cursaale, lann in jedem Gasthofe, sowie in jeder zu vermiethenden Wohnung zur Einsicht der Parteien aufzuegen, und es sind die letzteren bei ihrer Ankunft auf den Inhalt derselben besonders aufmerksam zu machen.

§. 14.

Mit 14 L J. erlischt die Giltigkeit der von der bestandenen Kreisbehörde zu Steyr unterm 7. Mai 1857, Zahl 2806, kundgemachten bisherigen Curtaxordnung.

**K. k. Statthalterei-Präsidium.**

Linz, am 23. Juni 1863.

Der k. k. Statthalter:

**Franz Freiherr v. Spiegelfeld** m/p.

## VI.
### Chemische Zusammensetzung des Haller Jodwassers.

Die von Kauer*) durchgeführte Analyse des als „Haller Jodwasser" versendeten Wassers der Trinkquelle weist in 10.000 Theilen Wasser folgende Stoffe nach:

| | Grammen. |
|---|---|
| Chlorkalium | 0.397 |
| Chlornatrium | 121.700 |
| Chlorammonium | 0.733 |
| Chlormagnesium | 2.426 |
| Chlorcalcium | 4.009 |
| Brommagnesium | 0.426 |
| Jodmagnesium | 0.584 |
| Kohlensaures Eisenoxydul | 0.044 |
| Thonerde | 0.147 |
| Kieselerde | 0.249 |
| Summe der fixen Bestandtheile | 130.715 |
| Fixer Rückstand direct bestimmt | 130.888 |
| Freie Kohlensäure | 4.366 |

Oder 1 Vol. Wasser enthält 0.22 Vol. freie Kohlensäure aufgelöst.

---

*) Chemische Analysen einiger Mineralwässer von A. Kauer. (Aus dem XXXVII. Bande des Jahrganges 1859 der Sitzungsberichte der mathem.-naturw. Classe der kais. Akademie der Wissenschaften.

Menge dieser Salze:

|  | a) in 1 Zivilpfd.<br>= 7680 Grane | b) in 1 österr.<br>Mass. |
|---|---|---|
| Chlorkalium | 0.305 „ | 0.762 Grane |
| Chlornatrium | 93.465 „ | 233.662 „ |
| Chlorammonium | 0.562 „ | 1.405 „ |
| Chlormagnesium | 1.489 „ | 3.722 „ |
| Chlorcalcium | 3.078 „ | 7.695 „ |
| Brommagnesium | 0.448 „ | 1.120 „ |
| Jodmagnesium | 0.327 „ | 0.817 „ |
| Kohlensaures Eisenoxydul | 0.033 „ | 0.082 „ |
| Thonerde | 0.112 „ | 0.280 „ |
| Kieselerde | 0.191 „ | 0.477 „ |
| Fixe Bestandtheile | 100.010 Gran. | 250.022 Gran. |

Das Haller Wasser ist somit eine jod- und bromhältige Kochsalzquelle.

## VII.
## Chemische Analyse und Gebrauchsanweisung des Haller Jodsalzes.

|  | In 100 Grm. | |
|---|---|---|
|  | des Jodquellen-Salzes: | der im Jodwasser gelösten Salzmenge nach Dr. Kauer's Analyse: |
| Chlorkalium | 1.39 | 0.30 |
| Chlornatrium | 94.59 | 92.82 |
| Chlorammonium | — | 0.55 |
| Chlorcalcium | 1.43 | 3.06 |
| Chlormagnesium | 0.08 | 1.85 |
| Brommagnesium | 0.32 | 0.44 |
| Jodmagnesium | 0.26 | 0.32 |
| Kohlensaure Magnesia | 1.20 | — |
| Im Wasser unlösl. Bestandtheile | 0.42 | — |
| Kohlensaures Eisenoxidul | — | 0.03 |
| Thonerde | — | 0.11 |
| Kieselsäure | — | 0.19 |
| Summe der gefundenen Bestandtheile | 99.96 | 99.67 |

Aus dieser Zusammenstellung ersieht man, dass die relativen Mengen der wichtigsten Bestandtheile im Haller Jodquellensalze im Vergleiche zu denen des Jodwassers keinen wesentlichen Unterschied darbieten.

Sonderabdruck aus dem LI. Bde. des Sitzungsberichtes der kaiserlichen Akademie der Wissenschaften.

## Gebrauchsanweisung.

Zum Bade wird ¼ Pfund Quellensalz auf je einen Eimer Süsswassers zugesetzt; bei schwächlichen Kranken und kleinen Kindern wird selbstverständlich die Gabe entsprechend vermindert.

Oertliche Bäder: Sitz-, Hand- und Fussbäder, Umschläge und Einspritzungen können verhältnissmässig viel concentrirter gebraucht werden. Als Durchschnittsgabe für diese örtliche Anwendung ist ein Kaffeelöffel voll auf ½ Mass Wasser zu bezeichnen.

## VIII.
### Sanitätspersonale im Curorte Hall.

Das Sanitätspersonale für den Curort Hall besteht aus den Badeärzten, Wundärzten und dem Apotheker.

*a)* **Badeärzte:**

1. Herr Johann Rabl, Doktor der Medizin und Chirurgie, Operateur, k. k. Bezirksarzt, und landschaftlicher Badearzt, wohnt vom 1. Mai bis gegen Ende Oktober in Hall im Hause Nr. 134 neben dem Parke, im Winter in Wien, Stadt, Weihburggasse Nr. 9.

2. Herr Hermann Schuber, Doktor der Medizin und Chirurgie, wohnt vom 1. Mai bis Oktober in Hall, am Platze, gegenüber der Apotheke im Gemeindehause Nr. 15; im Winter in Wien, Leopoldstadt, Ferdinandsstrasse Nr. 20.

3. Herr Eduard Lippe, Doktor der Medizin, wohnt vom 1. Mai bis Oktober in Hall, am Platze, gegenüber dem Hôtel zur Kaiserin Elisabeth, im Hause des Herrn Galler, Nr. 26, im Winter in Schlesien, in Bielitz.

*b*) Wundärzte:

1. Herr Franz Baar, wohnt in Hall am Platze, gegenüber der Eduardgasse im Hause Nr. 17.
2. Herr Georg Schmid, wohnt in Pfarrkirchen, im Hause Nr. 19.

*c*) Apotheker:

Die Apotheke des Karl Richter, befindet sich in Hall, am Platze Nr. 75.

## IX.
### Badeverwaltung.

Herr Josef Hillischer ist landschaftlicher Badeverwalter, zugleich Verwalter des Armenbadspitales, und Mitglied der Localdirection des Elisabeth Kinderspitales, und wohnt im landschaftlichen Badehause.

## X.
### Gemeindeamt.

Das Gemeindeamt befindet sich am Platze gegenüber der Apotheke im Hause Nr. 15.

Der jeweilige Gemeindevorsteher handhabt die Ortspolizei. Es wollen sich daher alle jene Curgäste, welche in dieser Richtung eine Klage haben, an die Gemeindevorstehung wenden.

## XI.
### K. k. Telegraphenamt.

Das k. k. Telegraphenamt befindet sich am Marktplatze Nr. 12 im 1. Stocke, gegenüber dem Hôtel zur Kaiserin Elisabeth im Eckhause der Neugasse, welche zum Badhause führt.

Die k. k. Telegraphenstation Hall hat beschränkten Tagesdienst.

Die Dienststunden sind:

An Wochentagen, einschliesslich der auf Wochentage fallenden Festtage von 9—12 Uhr Vor- und von 2—7 Uhr Nachmittags.

An Sonntagen von 8—9 Uhr Vor- und 2—5 Uhr Nachmittags.

In sehr dringenden Fällen werden jedoch zu jeder Stunde des Tages und der Nacht Telegramme bereitwilligst angenommen und nach Thunlichkeit weiter befördert.

## XII.
## K. k. Postamt.
### Mit Angabe sämmtlicher Postfahrten von und nach Hall.

Sollte mit Beginn der Badesaison die Bahnstrecke St. Valentin-Steyr noch nicht dem Verkehre übergeben sein, so besteht die alte Reiseroute von Wien über St. Peter nach Hall bis zur Eröffnung obbenannter Bahnstrecke fort, und es verkehren zwischen St. Peter und Hall vom 1. Juni bis letzten September täglich 2 Tour- und Retourfahrten, im Anschlusse an die betreffenden Züge. Fahrkarten zu den Postfahrten zwischen St. Peter und Hall können beim k. k. Postamte auf dem Westbahnhofe in Wien gleich gelöst werden, und haben diese dann den Vorzug von den in St. Peter gelösten Karten.

Von St. Peter nach Hall sind 4 Fahrstunden.

Ist aber obbenannte Bahnstrecke am 15. Mai schon eröffnet, so hat der weiters angeführte Postenverkehr für Hall dann Giltigkeit.

### Postenverkehr in Hall.
1. Ankunft täglich.

Von Steyr — k. k. Mallepost — Früh vom 1. Juni bis 30. September.

Von Steyr — k. k. Mallepost — Abends vom 1. Juni bis 30. September.

Von Linz — Personen-Eilfahrt — Vormittags vom 15. Mai bis 30. September.

Von Wels — Boten-Fahrpost — Vormittags vom 1. Juni bis 30. September.

2. Abgang täglich.

Nach Steyr — k. k. Mallepost — Früh vom
1. Juni bis 30. September.
Nach Steyr — k. k. Mallepost — Abends vom
1. Juni bis 30. September.
Nach Linz — Personen-Eilfahrt — Nachmittags
vom 15. Mai bis 30. September.
Nach Wels — Boten Fahrpost — Nachmittags
vom 1. Juni bis 30. September.

Die Angabe der Ankunfts- und Abgangszeit habe ich ganz weggelassen, weil selbe öfter abgeändert wird.

Sämmtliche Fahrposten schliessen sich den mit den betreffenden Bahnstationen verkehrenden Personen und zum Theile auch den Courirzügen an.

Zur k. k. Mallepostfahrt zwischen Steyr und Hall können die Karten gleich beim k. k. Postamte auf dem Westbahnhofe in Wien gelöst werden und haben selbe dann den Vorzug vor den in Steyr gelösten Karten. Der Preis eines Platzes nebst 30 Pfund Freigepäck beträgt 1 fl. 26 kr.

Die Karten zur Linzer Personen-Eilfahrt werden in Linz im Poststallamte und in Hall beim k. k. Postamte gelöst. — Ein Platz nebst 20 Pfund Freigepäck kostet 1 fl. 60 kr.

Die Karten zur Welser Boten-Fahrpost sind in Wels beim k. k. Postamte, in Hall beim Kutscher des betreffenden Wagens zu bekommen. Ein Platz nebst 20 Pfund Freigepäck kostet 1 fl. 10 kr. öst. W.

Die Amtsstunden des k. k. Postamtes Hall sind von 7 Uhr Früh bis 12 Uhr Mittags und von 1 Uhr Mittags bis 7 Uhr Abends.

Zur Ausarbeitung der einlangenden Post ist die Postkanzlei ½ Stunde nach Ankunft jeder Post geschlossen.

Die Ausgabe der Briefpost und Zeitungen geschieht ¼ Stunde nach Ankunft der Post.

Die Ausgabe der Fahrposten in der Regel 1 Stunde nach Ankunft der Post.

Die Zustellung geschieht durch den Briefträger gegen die gesetzliche Zustellungsgebühr.

Schluss der Aufgabe für Fahrposten 1 Stunde vor Abgang — und für Briefpost ½ Stunde vor Abgang der Post. — Richtig frankirte Briefe aber, wenn sie in dem Briefsammlungskasten bei dem k. k. Postamte, und nicht in jenem des Curhauses, eingelegt werden, finden ¼ Stunde vor Abgang der Post selbst noch Beförderung.

---

### XIII.

#### Reiserouten

##### von und nach Hall mit möglichster Angabe der Entfernung.

Bevor ich ein Näheres über die Reiserouten von und nach Hall sage, will ich voraussenden; was insbesonders der leidendere Theil der Curgäste als einen guten Rath beherzigen möchte; dass es nämlich nicht rathsam ist, die Bequemlichkeit der Reise der Schnelligkeit zu opfern. Der Zeitgewinn ist nur ein scheinbarer, indem ein im Zustande grosser Ermüdung eintreffender Patient sich erst einige Tage Ruhe gönnen muss, bevor er die Kur beginnen kann.

Wegen der so häufigen Veränderung der Eisenbahn-Fahrordnungen habe ich die Angabe der Abfahrtszeit und Ankunft auf den betreffenden Eisenbahnstationen, sowie die Fahrpreise ganz weggelassen und verweise die Reisenden auf die zeitweilig geltenden Eisenbahnfahrordnungen sogenannten Eisenbahn-Couriere.

Die Hauptreiserouten nach Hall sind:
I. Von Wien nach Hall.
II. Von Salzburg nach Hall.
III. Ueber Passau nach Hall.

ad I. Von Wien nach Hall sind 3 Reiserouten. Sollte mit Beginn der Badesaison, d. i. am 15. Mai die Bahnstrecke St. Valentin-Steyr dem Verkehre noch nicht übergeben sein, so besteht die alte Reiseroute von Wien über St. Peter nach Hall bis zur Eröffnung obbenannter Bahnstrecke fort, und es würde die erste Reiseroute sein:

*a*) Von Wien mittelst der k. k. Elisabeth-Westbahn in 5 Stunden mit dem Personenzug nach St. Peter, und von da in 4 Stunden mit Fiaker oder k. k. Mallepost — und in 5 Stunden mit Stellwagen nach Hall.

Ist aber die obbenannte Bahnstrecke am 15. Mai schon eröffnet, so ist die nächste Reiseroute von Wien nach Hall:

*a*) Von Wien mittelst k. k. Elisabeth Westbahn in 6 Stunden nach Steyr, und von Steyr mit Fiaker in $1^1/_2$, — mit k. k. Postwagen oder Stellwagen in $2^1/_2$ Stunden nach Hall.

 b) Von Wien mit k. k. Elisabeth-Westbahn in $6^1/_4$ Fahrstunden nach Linz, und von Linz mit Fiaker in 4 Stunden, oder mit Poststellwagen in 5 Stunden nach Hall. Jene, welche das Dampfboot dem Dampfwagen vorziehen, können mit dem Dampfboote von Wien nach Linz und von dort auf die oben, sub b, beschriebene Weise nach Hall weiterfahren.

 c) Von Wien mit Elisabeth-Westbahn in $7^1/_4$ Stunden nach Wels und von Wels mit Fiaker in $2^1/_2$, und mit Poststellwagen in $3^1/_2$ Stunden nach Hall.

ad II. Route von Salzburg nach Hall:
Von Salzburg nach Hall gibt es zwei Routen.

 a) Von Salzburg mit Westbahn in $3^3/_4$ Stunden nach Wels, und von dort auf die ad I, sub c besprochene Weise nach Hall; oder

 b) von Salzburg mit dem Postwagen in 7 Stunden nach Ischl, von Ischl in $1^1/_2$ Stunden mit Fiaker nach Ebensee, und von Ebensee mittelst Dampfboot nach Gmunden (oder von Ischl direkt in $3^1/_2$ Stunden nach Gmunden), und von Gmunden nach Hall entweder direkte in 6 Stunden mit Fiaker, oder von Gmunden mittelst Eisenbahn nach Wels, und von dort wie oben ad I. sub c nach Hall.

Alle Reisenden, welche von Gastein, Innsbruck, München, und allen westlich und südwestlich von München gelegenen Orten nach Hall fahren wollen, reisen nach Salzburg und von dort über Wels auf die ad I, sub c oben besprochene Weise.

Alle jene Reisenden, welche von Nürnberg und allen westlich, nordwestlich und nördlich davon gelegenen Orten nach Hall reisen wollen, fahren nach Regensburg, und von Regensburg entweder mittelst Dampfboot nach Linz, und von dort auf die ad I. sub *b* besprochene Weise, oder sie fahren nach Regensburg und von da mit der Bahn.

III. Ueber Passau nach Wels, und von Wels wieder wie ad I, sub *c* nach Hall.

Allen Reisenden, welche Hall besuchen wollen, besonders dem leidenderen Theile der Curgäste möchte ich bestens rathen, sich von Hall aus einen Wagen auf die betreffende Station brieflich oder telegraphisch mit bestimmter Angabe der Ankunft und des Ortes hinzubestellen.

Die Preise sind ganz dieselben wie in Linz, St. Peter, Wels, Gmunden und Steyr, nur sind die Haller Fahrgelegenheiten eleganter und bequemer als es die Mehrzahl der, auf den obbenannten Stationen nicht ist.

Alle an den Apotheker **Richter** in Hall diesbezüglich gerichteten Wünsche werden von ihm nach Möglichkeit auf das Verlässlichste erfüllt werden.

Von Hall nach Gmunden und Ischl fährt man:

1. Direkte mit Fiaker in 6 Stunden nach Gmunden, und von dort mittelst Dampfboot in 1 Stunde nach Ebensee, und von da in $1\frac{1}{2}$ Stunden nach Ischl, oder man fährt

2. von Hall nach Wels mit Fiaker, von Wels

mittelst Bahn nach Gmunden, und von dort mittelst Fiaker direct in $3\frac{1}{2}$ Stunden nach Ischl. Selbstverständlich sind die Reiserouten von Hall nach den obbenannten Richtungen dieselben, nur in umgekehrter Ordnung.

## XIV.
### Tarif über Fahrlöhnungen für den Curort Hall.

| Von Hall nach | Fahrstunden | Preise in ö. W. für die Hin- und Rückfahrt mit Einschluss der Kutscher-u. Pferdeverpflegung sammt Wegmauth für 2 päss. Fuhren | | |
|---|---|---|---|---|
| | | $\frac{1}{2}$ Tag fl.\|kr. | 1 Tag fl.\|kr. | 2 Tage fl.\|kr. |
| Achleithen . . . . . | 1 | 3 \| — | — \| — | — \| — |
| Adlwang . . . . . | $\frac{1}{2}$ | 3 \| — | — \| — | — \| — |
| Almsee . . . . . | 8 | — \| — | — \| — | 15 \| 75 |
| Gmunden . . | 7 | — \| — | 11 \| — | 15 \| — |
| Kremsmünster . | 1 | 3 \| 50 | 5 \| 50 | — \| — |
| Lambach . | 5 | — \| — | 9 \| — | — \| — |
| Linz . . | 5 | — \| — | 9 \| 50 | 13 \| — |
| Leonstein . . . | 3 | — \| — | 6 \| 30 | — \| — |
| Michldorf . . . . | 4 | — \| — | 7 \| 35 | — \| — |
| „ über Leonstein . | $5\frac{1}{2}$ | — \| — | 10 \| 50 | — \| — |
| „ zum Kremsursprung . | $4\frac{1}{2}$ | — \| — | 8 \| — | — \| — |
| Molln . . | 4 | — \| — | 7 \| 35 | — \| — |
| Pichlern . | $1\frac{1}{4}$ | 3 \| 50 | — \| — | — \| — |
| Rohr . | $\frac{3}{4}$ | 3 \| — | — \| — | — \| — |
| St. Peter . | 6 | — \| — | 11 \| — | — \| — |

| Von Hall nach | Fahrstunden | 1/2 Tag fl. kr. | 1 Tag fl. kr. | 2 Tage fl. kr. |
|---|---|---|---|---|
| Sierning | 1¹/₄ | 3 50 | — — | — — |
| Scharnstein | 4¹/₂ | — — | 8 40 | — — |
| Steinbach | 1¹/₄ | 4 20 | 5 50 | — — |
| Steyr | 2¹/₂ | 5 — | 6 30 | — — |
| Garsten oder Gleink | 3 | — — | 7 — | — — |
| Waldneukirchen | 1 | 3 15 | — — | — — |
| Wartberg | 2 | 4 72 | — — | — — |
| Wels zum Bahnhof | 3¹/₄ | — — | 7 — | — — |

Anmerkung. Trinkgeld dem Kutscher für 1 Tag 80 kr., für einen halben Tag 60 kr. österr. Währung.

Unbedingt bestellte Fuhren sollen vor den bedingt bestellten Fuhren den Vorzug haben, wenn gleich letztere früher bestellt worden wären, ausser es wird sogleich bei der Bestellung der halbe Fahrpreis vorausbezahlt.

Für Fahrten im Markte und der nächsten Umgebung für die Stunde 1 fl. österr. Währung.

Wenn Fuhren unbedingt bestellt, jedoch wieder abgesagt werden, so ist bei halbtägigen Fuhren die Hälfte, bei Fuhren auf längere Zeit der dritte Theil des fixirten Fahrpreises von der bestellenden Partei zu vergüten.

In Betreff der halbtägigen Fuhren wird die Fahrzeit Vormittags bis 12 Uhr, Mittag und Nachmittags bis Abends 9 Uhr berechnet; jede weitere Stunde ist mit 50 kr. österr. Währung besonders zu vergüten.

## XV.
### Leihbibliothek.

Die Leihbibliothek befindet sich im Hause des Herrn E. Löffler, am Marktplatze Nr. 13.

## XVI.
### Vergnügen und Unterhaltung.

Zum Vergnügen und zur Unterhaltung dienen der Cursalon, die Conversations- und die Spielzimmer im 1. Stocke des Curhauses, deren Benützung jedem Curgaste unentgeltlich freisteht. Zur Lektüre liegen in den Lesezimmern 20 politische und belletristische Journale auf, und befinden sich im Cursaale zur Benützung des Curpublikums zwei Piano's.

Die Curmusikkapelle, welche täglich mit Ausnahme des Sonn- und Feiertages von 7 bis $^1/_2$9 Uhr Früh und von 6 bis $^1/_2$8 Uhr Abends im Curparke, bei schlechtem Wetter aber in diesen Stunden im Cursalon, und von 12 bis 1 Uhr Mittags im Musik-Pavillon am Marktplatze spielt, trägt vorzüglich auch zur Erheiterung und Zerstreuung des Curpublikums bei. Jede Woche ist eine Tombola, bei schönem Wetter im Parke, bei schlechter Witterung im Cursalon, sowie jeden Mittwoch Soirée dansante.

Ausserdem ist der Curfond im Besitze eines vollkommenen Theaters, und wird seinerzeit, wenn es

die Mittel des Curfondes erlauben, ein hiezu passendes Gebäude aufgeführt werden. Im Verlaufe des Sommers werden nicht selten grössere Partien veranstaltet, wozu der Curfond auf allfälsiges Ersuchen immer zum Vergnügen des Curpublikums beizutragen bereit sein wird.
In den Gasthausgärten mehrerer Wirthe befinden sich Kegelbahnen zur Benützung des Curpublikums.

## XVII.
### Unterkunft und Kost.

Trotzdem die Frequenz des Bades sich in erfreulicher Weise gehoben hat, und unter den Curgästen die zahlreichen Fremden aus den fernsten Ländern den erfreulichen Beweis liefern, dass Hall bereits den Rang eines Weltbades einnimmt, der ihm vermöge der Heilkraft seiner Quelle auch gebührt, so findet man allerdings mit dem Luxus anderer grösserer Bäder eingerichtete Villen in Hall nicht; allein jeder Anspruch an bequeme, reinliche, trockene und behagliche Unterkunft wird vollkommen befriedigt.

Zur Unterkunft der Curgäste befinden sich in Hall und in dem, eine Viertelstunde von Hall entfernten Pfarrkirchen 4—500 Zimmer mit Gärten, Küchen, Stallungen, und Wagenremisen in Bereitschaft, deren Eigenthümer die gerechten Anforderungen des Curpublikums nach Comfort bestens zu befriedigen streben. Allen jenen Curgästen, welche einzelne Zimmer oder grössere Wohnungen benöthigen, möchte ich rathen einige Zeit früher sich diesbezüglich nach Hall in Oberösterreich an den Apotheker K. Richter zu wenden, und ihren Briefen gleichzeitig einen entsprechenden Betrag für Porto und allfällige Drahtauslagen beizulegen, welcher die an ihm gerichteten Wünsche bestens und schnellstens zu erfüllen sich bemühen wird.

Die Preise der Zimmer sind verschieden, je nach der Zeit der Badesaison, je nach der Lage des Hauses, und vorzüglich je nach dem gebotenen Comfort und variiren von 50 kr. bis 2 fl. pr. Tag.

Indem ich nicht bestimmt weiss, ob mit dem Beginne der heurigen Saison eine eigene Miethordnung für den Curort Hall schon bestehen wird, ist es anzuempfehlen die Art der Miethe ob pr. Tag, pr. Woche, oder eine bestimmte längere Dauer, so wie die mögliche gegenseitige Kündigung, als auch die Unauflösbarkeit des Miethvertrages mit dem Vermiether bestimmt und bindend abzumachen, damit eben im Verlaufe der Zeit Streitigkeiten zwischen Miether und Vermiether hierdurch gänzlich vermieden werden.

Nebenbei will ich noch erwähnen, dass sowohl Erwachsene wie auch Kinder in gänzliche Verpflegung (Pension) genommen werden, in welchen Angelegenheiten man sich an den Apotheker K. Richter in Hall in Oberösterreich wenden wolle, welcher nach Möglichkeit für die Unterbringung besorgt sein wird.

An Gasthäusern ersten und zweiten Ranges, welche allen nicht zu überspannten, den hiesigen Verkehrsverhältnissen anpassenden, und gerechten Anforderungen auch immer genügen werden, fehlt es in Hall durchaus nicht.

Die Fleischkost ist die in Hall mehr vorgeschriebene, und sind Geflügel, Wildpret, Kalbfleisch, etc. etc. in vorzüglicher Qualität hier zu bekommen. Dass die übrigen Nahrungsmittel, wie Butter, Eier, etc. etc. nichts zu wünschen übrig lassen, versteht sich im Gebirgslande wohl von selbst, wie auch chemische Prozesse mit der Milch den hiesigen Bauern ebenso unbekannt sind, als sie bei der reichlichen Bedeckung des Bedarfes auch überflüssig wären.

Besondere Erwähnung verdienen noch der hier ausgezeichnete Café, die wohlschmeckenden Gebirgserdbeeren und das heerliche kräftigende Trinkwasser.

Familien, welche mit mehreren Kindern einen längeren Aufenthalt hier beabsichtigen, möchte ich rathen, sich ihre Köchinnen mitzunehmen, und eigene Menage zu führen, besonders wenn sie von einem Hall näher gelegenen Orte, z. B. von Wien kommen.

In mehreren Privathäusern wird den Miethern auch auf ihren Wunsch die Kost verabreicht. Alle jene, welche nicht in das Gasthaus gehen wollen oder können, lassen sich von ihren Hausleuten die

Speisen entweder von den Gasthäusern nach Hause holen, oder sie nehmen mit dem betreffenden Gastwirthe Rücksprache, dass ihnen derselbe durch seine Leute die Speisen in das Haus sendet.

In dem Miethzinse ist gewöhnlich die Entlohnung für die Bedienung nicht enthalten. Unter der Bedienung sind das Aufräumen und Reinhalten des Zimmers, die Beischaffung des nöthigen Wassers, so wie andere kleine Verrichtungen; keineswegs aber Waschen, Kleiderplätten, Nähen, Stiefel- oder Kleiderputzen, oder die Krankenpflege zu verstehen. Bei Quartiermiethen kommt keine besondere Entschädigung für die durch gewöhnlichen Gebrauch bewirkte Abnützung der Möbel, des Bettes und Geschirres zu bezahlen, nur ist in dem Falle, wenn etwas beschädigt oder zerbrochen wird, dafür Entschädigung zu leisten; und in Fällen von schweren und längeren Krankheiten, wo ungewöhnlich mehr Wäsche gebraucht wird, für die gebrauchten Effekten und das Bettzeug eine angemessene Entschädigung, und für den Fall ihrer ferneren Unbrauchbarkeit, der, dem Werthe entsprechende Ersatz zu leisten.

Es ist hier üblich, dass die Dienstleute in den grösseren Häusern und komfortableren Wohnungen von den P. T. Curgästen 1 fl. pr. Woche als Trinkgeld bekommen.

Wenn jedoch die Entlohnung für Bedienung in einem verabredeten fixen Betrage von dem Hausbesitzer oder Bestandgeber mit der Wochen- oder Monatsrechnung eingefordert und von dem Curgaste entrichtet wird, so haben die Dienstleute keinen Anspruch mehr auf Bezahlung eines abgesonderten Trinkgeldes und der Curgast hat keine Verpflichtung ein solches zu entrichten, da die Dienstleute sich dann diesbezüglich an ihre Dienstgeber zu wenden haben.

Gasthäuser ersten Ranges sind:

Hôtel zur Kaiserin Elisabeth des Alex. Weiss.
Hôtel zum Erzherzog Karl des Johann Marchgraber.

Dann Gasthäuser zweiten Ranges:

Jungdorfer, Molterer, Marchgraber, Stradinger und Urndorfer.

Eine israelitische Garküche befindet sich ebenfalls hier in Hall.

## XVIII.
### Spaziergänge und Ausflüge zu Wagen.

Die nächste und ferne Umgebung von Hall mit ihren kleineren Nadelholzwäldern und Gehölzen auf den zahlreichen Anhöhen, mit ihren dem Auge so wohlthuenden grünen Wiesen, welche meistens mit kleinen Wäldern und mit Obstbäumen eingesäumt sind; mit ihren ausgedehnten Waldmassen und Kalkfelsen im Mittel- und Hochgebirge; — diese prachtvolle Umgebung von Hall, ladet den Curgast zu

Spaziergängen und grösseren Ausflügen ein, und ich kann jedem Freunde von Naturschönheiten die Versicherung geben, dass er von keinem Ausfluge unbefriedigt zurückkehren wird.

Der leichteren Uebersicht und Eintheilung wegen, vorzüglich aber deshalb, damit sich die Curgäste früher zu diesem oder jenem Ausfluge entschliessen können, theile ich sämmtliche Ausflüge, je nach ihren Entfernungen in:

a) Spaziergänge, und
b) Ausflüge zu Wagen.

ad a) Spaziergänge, mit einer Viertelgehstunde Entfernung:

**Hadringer** und Hadringer-Wäldchen, ein in nächster Nähe des Curhauses gelegenes Bauernhaus, wohin auch ein ganz ebener Weg hinführt, und hoffentlich schon in den nächsten Jahren die Esplanade hinausführen wird. Man bekommt Café, Milch, Butter. Das Wäldchen, worin mehrere Tische und Bänke angebracht sind, hat eine reizende Lage mit einer prachtvollen Rundsicht.

**Pfarrkirchen.** Gegenüber von Hall gelegen. Die Restauration des Wundarztes Schmid wird von den Curgästen sehr häufig besucht, weil man sehr gut und zu annehmbaren Preisen speist.

**Feyregg.** Ein Schloss des Herrn von Plank aus Linz mit einem Blumen- und Gemüsegarten.

**Mühlgrub.** Ein Dorf mit einem Bräuhause. Im

dortigen ländlichen Gasthause bekommt man Café, Milch, Butter, etc.

Mit 20—25 Minuten Entfernung:

**Kammerhub.** Ein Bauernhaus mit Fernsicht in das Gebirge, wo man Café, Milch bekommt.

Mit einer halben Gehstunde Entfernung:

**Amberger.** Ein Bauernhaus am Berge gelegen, mit schöner Fernsicht. Milch, Butter zu bekommen.

**Zachl**, ein Bauernhaus, wohin ein ebener, ziemlich schattiger, schöner Weg führt. Café und Milch zu bekommen.

Mit ³/₄ stündiger Entfernung:

**Forster**, ein ländliches Gasthaus, auf halbem Weg nach Adlwang.

**Urbarmühle**, wohin man durch Wiesen und schattigen Wald gelangt. — Oefters Milch zu bekommen.

Mit 1½ stündiger Entfernung:

**Adlwang**, ein besuchter Wallfahrtsort in schöner Lage, wohin zwei Fusswege führen, einer im Thale entlang von der Trinkquelle; der zweite in der Fortsetzung des Weges, welcher zum Hädringer führt, mit zwei ländlichen Gasthäusern, welche mässigen Ansprüchen genügen.

**Achleiten**, mit einem schön gelegenen alten Schlosse des Herrn von Plank aus Linz.

**Kriehub**, ein Schulhaus, wohin ein Fuss- und Fahrweg führt, mit sehr lohnender Fernsicht. Man bekommt beim Schullehrer Café, Milch, Butter, guten Wein und zeitweise auch gutes Bier. Zwanzig Minuten davon entfernt, der, seiner prachtvollen Rundsicht wegen bemerkenswerthe „Baum mitten in der Welt."

Ausflüge zu Wagen:

**Kremsmünster**, eine Fahrstunde von Hall entfernt. Ein Markt mit dem altberühmten, vom bayerischen Herzoge Thassilo II., im Jahre 777 gegründeten Benediktinerstifte, wo sich ein k. k. Ober-Gymnasium und Konvikt befindet. Unter den Sehenswürdigkeiten sind besonders anzuführen: die Stiftskirche, die in ihrer Art einzigen Fischbehälter, die reiche Bibliothek, der grosse Speisesaal mit den Freskogemälden aller Kaiser aus dem Hause Habsburg, von Rudolf I. bis Karl VI., in Lebensgrösse von Martin Altamonte, die reich ausgestattete Sternwarte, die naturwissenschaftlichen Sammlungen, ein Modellkabinet, die Bildergallerie, die alten Glasmalereien. Die Bildergallerie enthält Gemälde von Salvator Rosa, Titian, Michael Angelo, Martin und Bartholomäus Altamonte, Coxey, Rubens, van Dyk, Breughel, Sandrart, Lukas Cranach, Albrecht Dürer, Lukas von Leyden, etc. etc. Das Plateau der Sternwarte, 183 Fuss über die Erdfläche erhoben, gewährt eine herrliche Aussicht. — Die sehr schöne Bibliothek zählt 40.000 Bände, worunter über tausend Inkunabeln und 500 Manuskripte, worunter viele in arabischer, malabrischer und chinesischer Sprache. Die einzelnen Fächer in der Lehranstalt, welchen der allgemeine österreichische Schulplan zu Grunde liegt, werden von den Kapitularen des Stiftes besorgt. Mit dem streng wissenschaftlichen Unterrichte ist auch jener in der Musik, in der französischen, englischen und italienischen Sprache, im Zeichnen, Turnen, Tanzen und Schwimmen verbunden.

**Steinbach, Grünburg.** 1 1/4 Fahrstunden von Hall entfernt. Diese zwei Marktflecken liegen an der Steyr, u. z. Grünburg am linken und Steinbach am rechten Ufer des Flusses. Man fährt über Waldneukirchen nach Grünburg, wo man im Gasthause des Herrn Nussbaumer einkehrt. Hinter Steinbach erhebt sich der 4019 Fuss hohe Buchberg, welcher in drei Stunden von Steinbach aus zu ersteigen ist. Man kann mit diesem Ausfluge zugleich eine sehr lohnende Fusspartie vereinen, wenn man in Waldneukirchen den Wagen verlässt, in einer Stunde zur sogenannten „hohen Linde" hinansteigt, dort die reizende Fernsicht geniesst, und in einer halben Stunde von der Höhe zum Nussbaumer nach Grünburg wieder hinabgeht. Den Wagen schicke man von Waldneukirchen nach Grünburg voraus, und lasse sich eine Jause zubereiten. Sehr gute Forellen, wie gebratene Asche möchte ich den Reisenden besonders anempfehlen.

**Steyr.** Zwei Fahrstunden von Hall entfernt. Steyr ist eine Stadt mit 12.000 Einwohnern, an der

Vereinigung der Enns und Steyr reizend gelegen, und ist gegenwärtig vorzüglich nennenswerth durch die grossartigen Gewehrfabriken des Industriellen Werndl. Steyr war vor Alters eine der blühendsten deutschen Handels- und Gewerbsstädte und ist noch jetzt durch ihre Eisen- und Stahlwaaren berühmt. Steyr verdankt seine Entstehung der Styraburg, welche im 11. Jahrhundert durch Ottokar III., Grafen im Traun- und Chiemgau gegründet wurde. Bald entstanden in der Nähe der Burg häufige Ansiedlungen, und schon im 13. Jahrhundert war Steyr ein ansehnlicher Ort. Das Herzogthum Steyr blieb ununterbrochen bei den Babenbergern und dem Hause Habsburg und wurde von eigenen Burggrafen verwaltet. Der letzte dieser Burggrafen, Johann Max Freiherr von Lamberg wurde 1648 in den Grafenstand, sein Sohn Mathias aber vom Kaiser Leopold I. im Jahre 1707 in den Fürstenstand (Primogenitur) erhoben, und ihm das Herzogthum Steyr mit allen Einkünften geschenkt. Sehenswerth sind in Steyr weiters das uralte herzogliche Schloss, welches von dem Fürsten Gustav Lamberg schon vor vielen Jahren im Geschmacke der Neuzeit restaurirt wurde. Im Schlosse selbst die fürstlichen Jagdzimmer, in welchen alle Einrichtungsbestandtheile von Hirsch- und Rehgeweihen verfertigt sind, — der neu angelegte Park.

Weiters sind noch die Stadtpfarrkirche, welche von Hans Puxbaum 1443 nach dem Plane des St. Stefansdomes zu bauen begonnen, und 1522 von Hans Schwechdorrer vollendet wurde. Durch Elementarunfälle beschädigt, erlitt jedoch der Thurm sowie die Kirche mannigfache Umänderungen, welche keineswegs zur Verschönerung in architektonischer Beziehung beitrugen. Unter den Umgebungen Steyr's ist der Besuch des Dambergers mit der romantischen Ortschaft St. Ullrich, dann die Strafanstalt in Garsten, das Pfarrdorf Christkindl und das Kloster Gleink zu empfehlen.

Die herrlichste und lohnendste Aussicht geniesst man von Schoberstein. Die Besteigung ist nicht beschwerlich.

**Kirchdorf.** 2½ Fahrstunden von Hall entfernt. Ein grosser Marktflecken schon aus dem 10. Jahrhundert. Auf dem Wege von Hall nach Kirchdorf liegt rechts im schönen Kremsthale das Dorf Wartberg und links das Cisterziencerstift

**Schlierbach** oder **Maria Saal** in der Sonne.

Eberhard von Wallsee verwandelte im Jahre 1355 das Schloss in ein Kloster der Cisterzienser Nonnen, und dotirte es sehr reichlich. Die Nonnen wurden jedoch von den Protestanten vertrieben, das Kloster hierauf administrirt, und 1620 auf Befehl Kaiser Ferdinand II. den Cisterziensern eingeräumt. Die Kirche besitzt gute Gemälde von Tomm, Hess, Rottmayer und Reslfeld, das Kloster besitzt eine zahlreiche Bibliothek und eine Kupferstichsammlung, nebst guten Schnitzwerken von Schwarzthaler.

**Micheldorf.** 3 Fahrstunden von Hall und ¼ Fahrstunde von Kirchdorf gegen das Gebirge zu entfernt. Es ist ein Markt mit 2500 Einwohnern. Es erscheint dieser Markt schon zu Anfang des 12. Jahrhunderts in der Geschichte, und bildete stets einen Centralpunkt der Sensenfabrikation. Es befinden sich dort sehr viele Sensenhämmer, welche wegen der vorzüglichen weltberühmten Qualität ihre Erzeugnisse in die entferntesten Länder versenden. Vom Georgsberge geniesst man eine prachtvolle Aussicht in das schöne Kremsthal. Eine kleine Stunde von Micheldorf befindet sich der Ursprung des Kremsflüsschens, Kremsursprung genannt. Es ist an dem Ursprunge wohl nichts sehenswerthes, dagegen ist es der Weg zum Ursprung, weil man die schöne Gebirgslandschaft immer vor sich hat. Ferners kann man von Micheldorf noch die sogenannte Falkenmauer und die Kremsmauer, sowie die Gradenalpe besteigen, von wo man überall die herrlichsten Aussichten geniesst. Die Gradenalm ist ein wahres Alpenschloss und wurde von dem nun verstorbenen Herrn Kaspar Zeitlinger, auch Grad genannt, erbaut. Jetzt gehört sie dessen Erben, und man geniesst eine vollkommen gute Unterkunft für die Nacht. Eine Stunde von Micheldorf befindet sich noch auf schroffen Felsen die halbverfallene Veste.

**Alt-Pernstein** (Bärenstein), gewesener Stammsitz des gleichnamigen berühmten Geschlechtes, von welchem es um 1250 an die Herrn Truchsen, von diesen, 1337, an Eberhard von Wallsee, dann an die Herren Jörgen, 1630 aber an das Stift Kremsmünster überkam. Dieses besitzt noch gegenwärtig diese Veste. Gegenüber von Alt-Pernstein, am Thurrhamberg liegen die wenigen Trümmerreste der gleichnamigen Burg Schollenstein.

**Leonstein.** 2 Fahrstunden von Hall entfernt, wo sich auf der Spitze des Heuberges noch die alte Ruine gleichen Namens befindet, welche von den im 10. Jahrhundert von Bayern nach Oesterreich eingewanderten Herrn von Rohr gegründet, und als Raubschloss benützt wurde. Herzog Albrecht III. zerstörte, 1390, das Schloss. Die Rohrer wurden, 1392, wieder in Gnaden aufgenommen und traten Leonstein gegen 2000 Pfund Wiener Pfennige an den Herzog ab. Jetzt ist es im Besitze des Grafen Salaburg. Hinter dem neuen Schlosse geniesst man nach nur 10 Minuten langen Steigens eine reizende Fernsicht in das herrliche Mollnerthal.

**Molln,** ½ Fahrstunde von Leonstein entfernt, ist unbeschreiblich schön gelegen, und seine Umgebungen sind wahrhaft paradiesisch. Insbesondere gilt dieses von der Breitenau mit dem Bodinggraben, umgeben von Gaisberg, Buchberg, Schoberstein, Prentenstein, Gresstenberg, Donnerstein, etc. etc. Der Ort Molln treibt einen ausgedehnten Handel mit daselbst erzeugten Maultrommeln.

**Gmunden,** Curort, 6 Fahrstunden von Hall entfernt. Die Stadt, 1674 Fuss über der Meeresfläche an dem Gmundner oder Traunsee gelegen, hat 5000 Einwohner, besteht aus 5 Vorstädten, und erhebt sich terrassenförmig gegen einen schön geformte Hügel bildenden Hintergrund. Auf der hölzernen Brücke, der sogenannten Traunbrücke, hat man einen majestätischen Anblick über den reizenden Alpensee und den Traunausfluss. Man hat vor sich den See wie geschmolzenes Erz ausgegossen, links den Grünberg die nakten Felsen des Traunsteins, in weiterer Entfernung den Erlakogel, Eibenberg, im Hintergrunde den Schönberg, gegen rechts das Höllengebirge, eine langgedehnte, formenreiche Felsenwand, und den anmuthigen Eingang in das Vichthauerthal.

Gmunden ist der Sitz der k. k. Salinen- und Forstdirektion, eines k. k. Bezirksamtes. Auch befindet sich hier eine k. k. Hauptschule, ein Kloster der Kapuziner und eines der Karmeliterinnen. Im Kurhause werden Soolenbäder, Warm- und Kaltbäder sowie Dampfbäder gegeben. Näheres über Gmunden und seine reizende Umgebung in Dr. Feuerstein's Wegweiser von Gmunden, bei Ed. Hülverding in Gmunden.

Gasthöfe 1. Ranges sind:

Hôtel Bellevue, Hôtel zum Schiff.

Gasthöfe 2. Ranges sind:

Beim goldenen Hirschen, im Bräuhause am See, bei der goldenen Sonne, Bräuhaus am Kogel mit einer prachtvollen Aussicht, etc.

**Ischl**, Curort. Der Markt und Curort liegt 1530 Fuss über der Meeresfläche am Einfluss der Ischl in die Traun und hat ungefähr 6000 Einwohner. Es werden Bergsalzsoolenbäder, Salzdampfbäder, dann Douche-, Regen- und Sturzbäder, sowie Fichtennadelbäder gegeben. Ausserdem befinden sich in Ischl noch eine Molken- und Mineralwasser-Curanstalt, und zwei Schwefelquellen. Alle Anstalten aber, welche die Kunst zum Wohle und zum Vergnügen des Curpublikums dort getroffen, verschwinden gegen die Schönheit und Grossartigkeit, mit welcher die Natur um Ischl ausgestattet ist. Im Norden von dem Höllengebirge mit dem grossen und kleinen Höllkogel und dem Feuerkogel, gegen Nordwest von der Zimitz mit ihren zwei Gipfeln, dem Leonsbergzinken und Gartenzinken und deren Ausläufern, dem Gspranggupf und Jainzen, gegen Südwest vom Kattergebirge und dem Jainzen, im Südost vom Salzberge und gegen Osten und Nordosten vom Wildenkogel, Brachberg, Mittagkogel, Rosenkogel, von der hohen Schrott und noch vielen anderen Hochgebirgen umgeben, bildet Ischl einen Centralpunkt von pittoresken Schönheiten.*

Empfehlenswerthe Hôtels in Ischl sind:

Hôtel zur Post, Hôtel Bauer, Hôtel zum Kreuz. Näheres über Ischl in Ramsauer's Fremdenführer von Ischl.

Ausflüge zu Wagen für einen, zwei und drei Tage in die Umgebungen von Hall:

Partie für einen Tag:

Man fahre in der Früh 7—8 Uhr von Hall

über Waldneukirchen, Grünburg, Leonstein, nach Klaus, wo Mittag gemacht wird. Nach Mittag fahre man von Klaus nach Micheldorf und Kirchdorf, wo man im Posthause die Jause einnimmt. Von Kirchdorf kann man direkte nach Hall oder aber über Schlierbach fahren, wo man dann um 8 oder 9 Uhr Abends in Hall eintrifft.

Eine Partie auf zwei Tage:

1. Tag. Man fahre über Grünburg, Leonstein (Gabelfrühstück), Klaus (Mittag), dann durch die Steyerling in die Bernerau. Im Forsthause der Herrn Zeitlinger's Erben (was aber jetzt vom Grafen Starhemberg gepachtet wurde) bleibe man über Nacht, und gehe noch denselben Tag oder aber den zweiten Tag zeitlich Morgens auf den sogenannten „Ring", wo man eine prachtvolle Aussicht geniesst.

2. Tag. Man fahre wieder durch die Steyerling über Klaus nach Micheldorf, wo man im Gasthause des Herrn Strasser Mittag macht. Nach Tische gehe man entweder zum Kremsursprung oder nach Alt-Pernstein, nehme nach der Rückkunft noch eine Jause und fahre um 5 oder 6 Uhr von Micheldorf direkte nach Hall zurück, wo man um 8 oder 9 Uhr Abends ankommen wird.

Für die Bernerau nehme man sich kaltes Geflügel, Schinken, sowie Thee, Rhum, Café und guten Wein mit.

Eine Partie für drei Tage, wobei auch eine Fusspartie von 5 Stunden vereinbarlich ist:

1. Tag. Man fahre über Grünburg, Leonstein nach Klaus, wo Mittag gemacht wird. Nach Tische fahre man in den Hinterstoder, wo man circa ½6 Uhr eintreffen kann, und wo man beim Jäger Vogel übernachtet. Auf dem höchst wildromantischen Wege zum Hinterstoder besehe man sich die sogenannte Strumboding (Strombottig), 5 Minuten von der Strasse entfernt. Es ist dieses ein vom Flusse Steyr gebildeter Wasserfall, welcher in einen tiefen Kessel hinabstürzt. In nächster Nähe des Hinterstoders befindet sich der hohe Priel, 7945 Wiener Fuss hoch. Beim Jäger Vogel können 8—10 Personen in Betten Unterkunft finden und ist man auch bezüglich der Verpflegung gut aufgehoben und ziemlich sicher. Die Preise sind in Berücksichtigung der Entfernung von allen Bezugsquellen nicht zu überspannt.

2. Tag. Zeitlich Morgens ½6 Uhr gehe man in die Polsterlucke, d. i. eine Seitenschlucht des Polsterthales. In der Polsterlucke stürzt bei Hochwasser oder nach starkem Gewitter der majestätische Klinserfall nebst noch 12 kleinen Wasserfällen, über 600 Fuss hoch in einem Bogen von 150 Klaftern durch das Bärenloch herab. Das Polsterthal ist eines der reizendsten. Die Besteigung des grossen Priel's geschieht von der Polsterlucke aus, und zwar verlässt man mit dem Führer Hotz, Mittags den Hinterstoder, und steigt von der Polsterlucke in drei Stunden zur Klinseralpe auf, wo man den Abend und einen Theil der Nacht zubringt, und etwa um 1 Uhr

nach Mitternacht die Besteigung des Gipfels unternimmt, welcher von hier noch starke drei Stunden entfernt ist. Die Fernsicht vom hohen Priel wird bei jedem Besucher einen unauslöschlichen Eindruck zurücklassen. Der Weg hin und zurück zur Polsterlucke benöthigt sammt Aufenthalt bei der Bank $2\frac{1}{2}$ Stunden, daher man nach der Rückkunft von dort gleich das Frühstück einnehmen, und trachten soll um 9 Uhr längstens vom Hinterstoder aufzubrechen. Man fahre zur Steyerbruk zurück, und durch die Steyerling in die Bernerau. Dort angekommen, esse man beim Jäger oder Päcter, was man eben bekommt, nehme sich einen Führer theils wegen des Weges, theils wegen des möglich kleinsten Handgepäckes und trachte längstens um zwei Uhr von der Bernerau aufzubrechen. Von hier beginnt die Fusspartie, und man geht bei den Kohlstätten vorbei auf den sogenannten „Ring" von wo man tief unten die zwei Gebirgsseen, die Oed-Seen mit ihren smaragdgrünen Gewässern erblickt. Nach kurzem Aufenthalt gehe man in das Thal hinab, bei den Seen vorüber durch die Iletzau, in die Habernau, und von dort nach Schwarzenbrunn, zu den sogenannten Brunnhäusern und nach dem Albensee, wo man im Seehause, welches Eigenthum des Stiftes Kremsmünster ist, übernachtet. Kommt man zeitlich genug noch zu den Brunnhäusern, so trifft man häufig noch die Fischer an, und man kann mit ihnen über den See zum Seehaus fahren, trifft man sie aber nicht mehr an, so muss man von Schwarzenbrunn aus, auf der rechten Seite zum Seehaus gehen. Jene, welche diese Fusspartie nicht machen wollen, können, wenn eben zwei Wägen an dieser Partie theilnehmen, direkte vom Hinterstoder nach Micheldorf und von da über Scharnstein nach dem Albensee fahren, wo sie etwas später, als die Fussgänger eintreffen werden.

Ich habe diese Partie schon einige Male gemacht, und empfehle den Fussgängern, sich nicht zu lange unterwegs aufzuhalten, damit sie noch zeitlich genug zum Albensee kommen, um dort den Abend geniessen zu können. Der Förster im Seehaus ist ein alter, mürrischer Gebirgsjäger, jeder Bildung bar, daher ich empfehle, mit ihm in natürlicher und gutmüthiger Weise zu verkehren. Für 8 Personen finden sich Betten vor. — Bezüglich der Verköstigung ist man hier am schlechtesten daran, weil nichts mit Bestimmtheit zu bekommen angenommen werden kann, ausser Milch, Butter, Eier, und guten Wein, welcher aus dem Stiftskeller Kremsmünster kömmt. Ich empfehle daher, sich für diesen Abend mit diversen Gerichten vom Hause aus zu versehen. Besonders schlecht ist der Café. Obwohl der See von Fischen wimmelt, sind Forellen äusserst selten dort zu bekommen.

Schon der Weg zum Albensee gehört zu den anmuthigsten Partien, die ich kenne. Die romantische Lage dieses herrlichen Sees, welcher von den kolossalen Bergen Röllberg, Elferkogel, Zwölferkogel,

Einserkogel, Weissing, Feigenthalhimmel, Rosskogel, Weisshornkogel, Augs- und Rinnerkogel, u. s. w. eingeschlossen wird, diese heilige Abgeschlossenheit und himmlische Ruhe, die über seinem glatten Spiegel ausgebreitet ist, lassen sich gar nicht beschreiben — das Alles will gesehen sein, um es empfinden zu können.

Von Albensee führt ein herrlicher Gebirgsweg zum Offensee; und sind noch sehenswerth die grosse und kleine Röll, und das Nestlthal.

3. Tag. Man sende die Wägen, wenn sie im Seehause übernachtet haben, zum Schwarzenbrunn, und fahre über den See. Beinahe mitten am See ist ein herrliches Echo zu hören, welches mit Pistolenschüssen einige Male gerufen wird.

Von den Brunnhäusern fahre man dann durch die Grünau, einem wahren Paradiese, nach Scharnstein in Liedauer's Gasthof. Von der Terrasse des Gartens hat man eine freundliche Aussicht und sind auch die Ruinen Scharnstein zu sehen. Hier erhole man sich mehrere Stunden von den Strapazen und Entbehrungen der vorhergegangenen Tage. Man scheidet schwer aus Liedauer's Gasthaus, so vorzüglich ist die Küche, und so zuvorkommend und freundlich sind die Hausleute. Nach Mittag fahre man dann über Fettenbach, Wartberg nach Hall zurück, wo man so um 9 Uhr Abends ankommen wird.

Zum Schlusse will ich noch erwähnen, dass es sehr rathsam und praktisch ist, sich bei allen Spaziergängen und weiteren Ausflügen mit Haller Weissbrod zu versehen, weil sonst die P. T. Curgäste den Unterschied zu sehr empfinden müssten.

## XIX.
### Indikationen für den Gebrauch der Cur.

Die jod- und bromhältige Kochsalzquelle von Hall in Ober-Oesterreich ist von vorzüglicher Wirksamkeit:

a) Bei allen Formen von Skrophulose.
b) Bei den syphilitischen Formen von Haut- Drüsen und Knochenleiden.
c) Bei Krankheiten der weiblichen Sexualorgane.
d) Bei Krankheiten der Knochen und Gelenke.
e) Bei Krankheiten der Haut.
f) Bei Krankheiten der männlichen Harn- und Geschlechtstheile.
g) Bei Kropf- und Drüsenleiden.
h) Bei Neoplasmen.
i) Bei Affektion der Schleimhaut der Athmungsorgane.
k) Bei Rhachitis.
l) Bei Muskelrheumatismen.
m) Bei Augenleiden.
n) Ueberhaupt bei allen Krankheiten, wo es sich um die Anregung der Aufsaugung und des rückschreitenden Stoffwechsels handelt.

## XX.

### Vergleichung des Haller Jodwassers hinsichtlich des Jod- und Bromgehaltes mit anderen Jodquellen.

Die Vergleichung des Haller Jodwassers ergibt hinsichtlich des Jod- und Bromgehaltes mit anderen Jodquellen in 10.000 Theilen folgende Daten:

|  | Jod. | Brom. |
|---|---|---|
| Bad Hall in Ober-Oesterreich . . | 0.390 | 0.508 |
| Adelheidsquelle in Baiern . . . | 0.242 | 0.372 |
| Ivonicz österreichisch Polen . . | 0.186 | 0.293 |
| Kreuth in Baiern . . . . . | 0.183 | — |
| Kreuznach in Rheinpreussen . . | 0.010 | 1.530 |
| Krankenheil in Baiern . . | 0.010 | Spuren |
| Lippik in Slavonien . . . | 0.267 | — |
| Luhatschovitz in Mähren . . . | 0.074 | 0.427 |
| Wildegg in der Schweiz . . . | 0.250 | 0.004 |
| Zaizon in Siebenbürgen . . . | 0.310 | — |
| Csiż in Ungarn enthält in 100 Theilen . . . . . . | 0.0308 | 0.0531 |
| Saxon in der Schweiz ist nach v. Fellenberg, grossen und raschen Veränderungen unterlegen, und schwankt die Zusammensetzung des Wassers binnen wenigen Tagen zwischen . . . . . . . | 0.175 | — |
| und . . . . . . | 0.981 | — |

Die Haller Trinkquelle übertrifft mithin, wie aus der vorhergegangenen Vergleichung der neuesten Analysen der berühmtesten Jodquellen zu ersehen ist, an Jodgehalt bei weitem alle übrigen Jodquellen.

## XXI.
### Literatur über Hall.

Cranz J., Wien, 1777. Gesundbrunnen der österreichischen Monarchie.

Arming, J. A., Wien, 1834. Die jod-, und lythionhältige Salzquelle zu Hall.

Starzengruber, Dr. J. Linz 1843. Die jod-, brom-, und lythionhältige Salzquelle zu Hall in Ober-Oesterreich.

Ettingshausen's und Baumgartner's Zeitschrift für Physik und Mathematik. 9. Bd. 1. Heft. S. 75.

Buchner, Dr. sen., Repertorium für Pharmacie. 1842, II. Reihe, 28. Bd. S. 1—17.

Netwald, Dr. Josef. Linz, 1853. Chemische Untersuchung des jod- und bromhältigen Mineralwassers zu Hall bei Kremsmünster.

Mandl, Dr. † Karl. 1854. Die jodhältige Salzquelle zu Hall in Ober-Oesterreich, ihr Gebrauch und ihre Wirksamkeit.

Netwald, Dr. Vienne 1861, Zamarski. Notice sur les eaux minerales, chlorosodiques, bromurées, jodurées froides de Hall en Haute-Autriche.

Netwald, Dr. Josef. 2. Auflage, Wien, 1862.

Hall in Ober-Oesterreich und seine jod- und bromhältigen Soolquellen, zum Gebrauche für Curgäste. Cur-Comité von Hall 1862. Wegweiser von Hall.

Bacher, Dr. Julius †. Wien, 1861. Mittheilungen über Bad Hall in Ober-Oesterreich.

Rabl, Dr. Johann, landschaftlicher Badearzt in Hall. Wien, Braumüller, 1864. Bad Hall in Ober-Oesterreich. Aerztliche Beobachtungen und Erforschungen.

Schuber, Dr. Heinrich, Badearzt in Hall. Wien, Czermak, 1866. Diätetik der Kinder im gesunden und kranken Zustande. S. 131, 135, 151.

Lippe, Dr. Eduard, Badearzt in Hall. Bielitz bei Zawadzki Richard, 1867. Bad Hall in Ober-Oesterreich. Topographisch medizinische Skizzen.

## XXII.

### Die protestantische Kirche,

allwo auch der protestantische Pfarrer wohnt, befindet sich eine Stunde von Hall entfernt in Neu-Kematen, in der Richtung gegen Linz.

## XXIII.
### Haller Jod - Glycerin - Crême des Apothekers K. Richter in Hall.

Die Haller Jod-Glycerin-Crême wird seit dem Jahre 1864 auf Veranlassung des bereits verstorbenen Dr. Bacher, vom Apotheker Karl Richter in Hall einzig und allein bereitet.

Die Bereitung geschieht aus dem Haller Jodsalze und Jodwasser theils durch Concentration, theils durch anderweitige, vielseitige, chemische und pharmaceutische Behandlung, und enthält daher die Crême die Bestandtheile des Haller Jodwassers im concentrirtesten Zustande. Die Jod-Crême findet eine ausgebreitete und vorzügliche Anwendung als Unterstützung während der Cur, als Nachcur, und wird insbesonders von den Herren Aerzten, weil sie leicht versendbar, und jede Gefahr einer Verkühlung selbst während der Wintermonate beseitigt ist, statt der Jodwasser Umschläge sehr häufig und sehr gerne angewendet. Eine spezielle Verwendung findet sie beim Blähhals und Kropfe, bei skrophulösen und anderweitigen Anschwellungen der Drüsen, bei Knochen- und Beinhautentzündungen, etc. etc.

Ein Glasflacon, in welchem zum Schutze gegen Nachahmungen oder Verfälschungen im Bauche des Fläschchens: „K. Richter's Haller Jod-Crême," und am Boden desselben „Hall" eingeprägt sind, kostet 80 kr. ö. W., ist mit dem Siegel K. Richter, Apotheker in Hall, gesiegelt, und liegt jedem Flacon eine Gebrauchsanweisung bei.

Verkauf in Wien bei den Herren Apothekern:

Dr. Girtler auf der Freiung.
Spitzmüller am Hohenmarkt.
Weiss unter den Tuchlauben.
Waldheim in der Himmelpfortgasse, und bei Heinrich Mattoni, Maximilianstrasse.

Ferners bei den Herren Apothekern:

Török in Pest, Purgleithner in Graz, Fragner in Prag und Schöpfer in Innsbruck.

## XXIV.
## Häuser-Verzeichniss

nebst Angabe der in denselben zu vermiethenden Zimmer, Küchen, Stallungen, Gärten und Wagenremisen, und der Namen sowie Beschäftigungen der Hausbesitzer.

| Haus-No. | Name des Hausbesitzers | Beschäftigung des Hausbesitzers | Anzahl der in diesem Hause an Curgäste zu vermiethenden Zimmer, Küchen, Gärten, Stallungen |
|---|---|---|---|
| 1 | Massroi Anna | — | 20 Zimmer, 1 Küche, Garten, Stallung |
| 2 | Helmreich Georg | Seiler | 5 Zimmer |
| 3 | Mayerhofer | Drechsler | 5 Zimmer, 1 Küche |
| 4 | Kettenhuber Andreas | — | 3 Zimmer |
| 5 | Gangelbauer Peter | Quellenwächter | 1 Zimmer |
| 6 | Schleifer Gottlieb | Nagelschmied | 5 Zimmer |
| 7 | Innerhaider Franz | Handelsmann | 1 Zimmer |
| 8 | Gsperer Barbara | — | — |
| 9 | Moosbauer Franz | Tischler | 2 Zimmer, Stallung, Garten |
| 10 | Hofstätter Karl | Weber | 6 Zimmer, 1 Küche, Garten |
| 11 | Zachhuber Alois | Bäcker | 1 Zimmer |

| Haus-Nr. | Name des Hausbesitzers | Beschäftigung des Hausbesitzers | Anzahl der in diesem Hause an Curgäste zu vermiethenden Zimmer, Küchen, Gärten, Stallungen |
|---|---|---|---|
| 12 | Marchgraber Johann | Fleischhauer und Gastwirth | 10 Zimmer, Stallung |
| 13 | Löffler Eduard | — | 32 Zimmer, 3 Küchen, Stallung Remise und Garten |
| 14 | Gemeindehaus | — | 10 Zimmer, 2 Küchen |
| 15 | Brillinger Georg | Oekonom | 7 Zimmer, Küche und Garten |
| 16 | Baar Franz | Wundarzt | 6 Zimmer, Küche, Garten |
| 17 | Frischauf Karl | Fleischhauer | 7 Zimmer, Küche, Stallung, Garten |
| 18 | Molterer Simon | Gastwirth | 8 Zimmer |
| 19 | Mussner Franz | Goldarbeiter | 16 Zimmer, Stallung, Remise, Garten |
| 20 | Galler Mathias (Pächter: Schmid Franz) | — | — |
| 21 | Zachhuber Stefan jun. | Kaufmann | 4 Zimmer, Küche, Garten |
| 22 | Mandorfer Josefa | Bäcker | 8 Zimmer, Küche, Stallung, Garten |
| 23 | Hemmelmayor Ignaz | Nagelschmied Witwe | 3 Zimmer, Küche |
| 24 | Leberbauer Mathias | Wäscher | 3 Zimmer, 1 Küche |
| 25 | Galler Mathias | Frächter | — |
| 26 | | Kaufmann in Linz | 12 Zimmer, 2 Küchen, 1 Gewölb u. Garten |

| | | | |
|---|---|---|---|
| 27 | Gundhold Ferdinand | Färber | 9 Zimmer, Küche, Stallung, Garten |
| 28 | Bendik Jakob | Lederer | 10 Zimmer, Küche, Stallung, Garten |
| 29 | Kaiser Ignaz | Handelsmann | 2 Zimmer, Garten |
| 30 | Richard Andreas | Hafner | 1 Zimmer |
| 31 | Papp Mathias | Weber | — |
| 32 | Hailer Leopold | Schmied | — |
| 33 | Augner Josef | Glaser | 10 Zimmer, Küche, Garten |
| 34 | Brenner Therese | — | — |
| 35 | Edlmayer Josef | — | — |
| 36 | Stradinger Michael | Gastwirth | 5 Zimmer, Küche, Stallung |
| 37 | Bogendorfer Georg | Tischler | — |
| 38 | Sturmberger | — | 1 Zimmer |
| 39 | Zehetner Johann | — | — |
| 40 | Huber Leopold | — | — |
| 41 | Schachinger Josef | — | — |
| 42 | Hausleithner Johann | — | — |
| 43 | Pernegger Georg | Gastwirth | — |
| 44 | Stradinger Michael | — | — |
| 45 | Steindl Josef | — | — |
| 46 | Lederhülger Gottlieb | — | — |
| 47 | Neuhauser Gottlieb | — | — |
| 48 | Kutsam Johann | — | — |

| Haus-Nr. | Name des Hausbesitzers | Beschäftigung des Hausbesitzers | Anzahl der in diesem Hause an Curgäste zu vermiethenden Zimmer, Küchen, Gärten, Stallungen |
|---|---|---|---|
| 50 | Kettenhuber Johann | Schuster | — |
| 51 | Eichenauer Wolfgang | Siebmacher | — |
| 52 | Zimmermann Georg | Handschuhmacher | — |
| 53 | Götzendorfer Josef | Badediener | 3 Zimmer, Küche, Garten |
| 54 | Frank Josef | — | — |
| 55 | Frischauf Karl | Fleischhauer | — |
| 56 | Eggendorfer Franz | — | — |
| 57 | Niedermann Johann | Uhrmacher | 2 Zimmer, Garten und Küche |
| 58a | Schedlberger Adam | — | — |
| 58b | Edlmayer Josef | — | — |
| 59 | Kampenhuber Michael | — | — |
| 60 | Baron Adolf Zephiris | k. k. Hauptmann | 13 Zimmer, 2 Küchen, Garten |
| 61 | Steinmassl Andreas | Zimmermeister | 6 Zimmer, 1 Küche |
| 62 | Frischauf Karl | Fleischhauer | 2 Zimmer |
| 63 | Kaner Johann | — | 2 Zimmer |
| 64 | Hametner Anton | Bäcker | — |
| 65 | Mayerhofer | Gastwirth | — |

63

| | | | |
|---|---|---|---|
| 66 | Flofs**m**tter Gottlieb | Weber | 10 Zimmer, Küche, Garten, Stallung |
| 67 | Baumgartner Josef | k. k. Postmeister | 9 Zimmer, Küche, Garten |
| 68 | Messner Alois | Sattler | 7 Zimmer |
| 69 | Weiss Alexander | Hôtelbesitzer | 12 Zimmer, Garten, etc. etc. |
| 70 | Niedermüller Josef | Schneider | 2 Zimmer |
| 71 | Weiss Philipp | Tabaktrafikant und Handelsmann | 2 Zimmer, Garten |
| 72 | Himmelfreundpointner Joh. | Spängler | 5 Zimmer, Küche, Garten |
| 73 | Jungdorfer Georg | Bräuer | 10 Zimmer, Küche, Garten, Stallung |
| 74 | Landschaftliche Curanstalt | — | — |
| 75 | Richter Karl | Apotheker | 8 Zimmer, Garten |
| 76 | Marchgraber Johann | Gastwirth | Militär-Zöglings-Spital |
| 77 | Zachhuber Stefan sen. | Bäcker | 6 Zimmer, Küche, Garten |
| 78 | Merzeder Georg | Binder | 1 Zimmer |
| 79 | Hauser Josef | Kaufmann | 6 Zimmer, Küche, Garten |
| 80 | Hieslmayer Katharina | — | 4 Zimmer, Küche |
| 81 | Aigner Anna | — | — |
| 82 | Zauner Michael | Apotheker Laborant | 2 Zimmer |
| 83 | Buglmüller Alois | Maurermeister | 6 Zimmer, Küche, Stallung |
| 84 | Ott Josef | Tapezierer | 6 Zimmer |
| 85 | Bramberger Mathias | Fleischhauer | 2 Zimmer |
| 86 | Fuchsjäger Karl | Wäscher | — |
| 87 | Marchgraber Johann | Fleischhauer | — |

| Haus-Nr. | Name des Hausbesitzers | Beschäftigung des Hausbesitzers | Anzahl der in diesem Hause an Curgäste zu vermiethenden Zimmer, Küchen, Gärten, Stallungen |
|---|---|---|---|
| 88 | Mayerhofer Johann | Drechsler | — |
| 89 | Hauser Josef | Kaufmann | 2 Zimmer |
| 90 | Zauner Sebastian | — | 2 Zimmer |
| 91 | Hofstätter Michael | Weber | — |
| 92 | Hubinger Martin | — | 4 Zimmer, 2 Küchen |
| 93 | Elisabeth-Kinderspital | — | — |
| 94 | Gemeindespital | — | — |
| 95 | Kohlendorfer Alois | Wäscher | — |
| 96 | Zachhuber Josef | Kaufmann | 3 Zimmer |
| 97 | Armenbadspital | — | 6 Zimmer, 1 Küche |
| 98 | Schützenberger Alois | Schlosser | 2 Zimmer |
| 99 | Haslinger Josef | Siebmacher | 1 Zimmer |
| 100 | Steinpatz Josef | — | 2 Zimmer |
| 101 | Sturmberger Simon | — | — |
| 102a | Atzlhuber Simon | — | — |
| 102b | Klinglmayer Josef | — | — |
| 103 | Mayerhofer Ignaz | Weber | — |

| | | | |
|---|---|---|---|
| 104 | Blumenschein Johann | — | — |
| 105 | Weyermayer Therese | — | — |
| 106 | Kronberger Mathias | — | — |
| 107 | Bögl sgt. Rappelmühle | Müllner | 6 Zimmer |
| 108 | Papp Sebastian | — | — |
| 109 | Drcher Lukas | Tischler | 3 Zimmer |
| 110 | Zauner Georg | Weber | 1 Zimmer |
| 111 | Klell Ferdinand | — | — |
| 112 | Klell Ferdinand | — | — |
| 113 | Schmiedhaus und Schmiede | — | — |
| 114 | Urindorfer Ignaz | Gastwirth | 5 Zimmer |
| 115 | Wenger | Schullehrer | 3 Zimmer, Küche, Garten |
| 116 | Pfarrhof | — | — |
| 117 | Lehner Josef | Wagner | 3 Zimmer |
| 118 | Mühlberger Michael | — | — |
| 119 | Rinnerberger Ignaz | — | — |
| 120 | Königsgruber Peter | — | — |
| 121 | Pelndorfer Johann | — | — |
| 122 | Steinwendtner Ignaz | Müllner | — |
| 123 | | | |
| 124 | Buglmüller Alois | Maurermeister | — |
| 125 | Hiesmayer Ignaz | — | — |
| 126 | Hauser Josef | Kaufmann | 10 Zimmer, Küchen, Garten |

Richter's Bad Hall.      5

| Haus-Nr. | Name des Hausbesitzers | Beschäftigung des Hausbesitzers | Anzahl der in diesem Hause an Curgäste zu vermiethenden Zimmer, Küchen, Gärten, Stallungen |
|---|---|---|---|
| 127 | Sedlaczek Johann | Tabaktrafikant | 5 Zimmer, Küche |
| 128 | Landschaftliche Curanstalt | — | — |
| 129 | Kepelmayer Franz | — | 4 Zimmer, Küche |
| 130 | Marchgraber Johann | Hôtelbesitzer | 23 Zimmer, Küche, Garten |
| 131 | Mussner Franz | — | — |
| 132 | Stradinger Michael | — | — |
| 133 | Bendik Jakob | — | — |
| 134 | Dr. Rabl Johann | Badearzt | |

**In Pfarrkirchen sind:**

Im Pfarrhofe: 7 Zimmer, Küche, Garten, Stallung.
Im Schulhause: 2 Zimmer, beim Gastwirthe und Wundarzte Schmid: 17 Zimmer, Küche, Stallung, beim Gastwirthe Zachl: 6 Zimmer, Küche, Stallungen und Remisen.

## XXV.
### Fahrgelegenheiten im Curorte Hall sowie Boten-, Stellwagenfahrt und Frachtenbeförderung.

1. Zweispännige, elegante 4sitzige Wägen sind zu bekommen im:

Hause Nr. 67 bei Herrn Baumgartner Josef, k. k. Postmeister.

Hause Nr. 28 und 29 bei Herrn Bendik Jakob, Lederer.

Hause Nr. 16 bei Herrn Brillinger Georg, Oekonom.

Hause Nr. 27 bei Herrn Gundhold Ferdinand, Färber.

Hause Nr. 79 bei Herrn Hauser Josef, Kaufmann.

Hause Nr. 74 bei Herrn Hillischer Josef, Badhaus-Verwalter.

Hause Nr. 12 bei Herrn Marchgraber Johann, Gastwirth.

Hause Nr. 19 bei Herrn Molterer Simon, Gastwirth.

Hause Nr. 45 bei Herrn Stradinger Michael, Gastwirth.

Hause Nr. 69 bei Herrn Weiss Alexander, Gastwirth.

2. Einspännige Wagen für 1—2 Personen im:

Hause Nr. 72 bei Herrn Himmelfreundpointner, Spengler.

Hause Nr. 64 bei Herrn Hametner Anton, Bäcker.

Hause Nr. 66 bei Herrn Hofstätter Gottlieb, Wober.

3. Botenfahrten für Personen und für Frachten:

Nach Linz, jeden Montag und Freitag für Personen und Frachten vom Hause Nr. 114.

Nach Wels, jeden Samstag vom Hause Nr. 25 für Frachten.

Nach Steyer, jeden Donnerstag vom Hause Nr. 114.

## XXVI.
## Bedeutendere Seen Oberösterreichs und des Salzkammergutes

mit Angabe der Tiefe, Länge und Breite nach Wr.-Klafter Längenmass und des Flächenmasses in österr. Jochen.

|  | In Wr.-Klaftern | | | Oester. Joche |
|---|---|---|---|---|
|  | Breite | Länge | Tiefe | Fläche |
| Albensee | 330 | 800 | — | 128 |
| Altausee | — | — | 27 | 370 |
| Attersee | 1775 | 10.300 | — | 8121 |
| Gossausee, vorderer | 250 | 840 | 36 | 89 |
| „ hinterer | 230 | 100 | 22 | 43 |
| Gmundner See | 1600 | 6550 | 116 | 4231¼ |
| Grundlsee | — | — | 31 | 736 |

|  | In Wr.-Klaftern ||| Oester Joche |
|---|---|---|---|---|
|  | Breite | Länge | Tiefe | Fläche |
| Hallstädter See, oberer Theil . . | {1130 | 4260 | 66 | 1495 |
| „ „ unterer Theil . . |  |  | 24 |  |
| Halaswies-See . . . . . . . . . | — | 112 | — | 3 |
| Krotten- oder Wildensee . . . . . | 130 | 220 | — | 12 |
| Langbathsee, vorderer . . . . . . | 225 | 570 | 18 | 65 |
| „ hinterer . . . . . . | 215 | 340 | 11 | 22 |
| Lahngangsee . . . . . . . . . . | — | — | 38 | 33 |
| Laudachsee . . . . . . . . . . | 170 | 260 | — | 20 |
| Mittersee . . . . . . . . . . . | — | 50 | — | 1 |
| Mondsee . . . . . . . . . . . | 1070 | 5600 | — | 2469 |
| Mönichs-See . . . . . . . . . | — | 104 | — | 4 |
| Nuss-See . . . . . . . . . . . | — | 305 | — | 14 |
| Offensee . . . . . . . . . . . | 400 | 480 | 19 | 105 |
| Schwarzen-See . . . . . . . . . | — | 733 | — | 79 |
| Töplitz-See . . . . . . . . . . | — | — | 58 | 93 |
| Wolfgang-See . . . . . . . . . | 1318 | 5324 | 60 | 2110 |

## XXVII.
## Gebirgs- und Ortshöhen
über der Meeresfläche in der Umgebung von Salzburg, Ischl, Gmunden und Hall.

Wr.-Fuss

Attersee . . . . . . . . . . . . . . . . . . . . . 1488
Alberfeldkogel (Ebensee) . . . . . . . . . . . . . . . 5128
Ahornfeld bei Ischl . . . . . . . . . . . . . . . . . 4980
Aussee, Markt (Bad) . . . . . . . . . . . . . . . . . 2084
Bärwurzenkogel (Gosau) . . . . . . . . . . . . . . . 6346
Berchtesgaden . . . . . . . . . . . . . . . . . . . 2274

|  | Wr.-Fuss |
|---|---|
| Brandwirth in Gosau | 2346 |
| Chorinsky-Klause | 1999 |
| Donnerkogel, grosser | 6490 |
| Donnerkogel, kleiner | 6107 |
| Dachstein | 9490 |
| Däumelschneid | 6663 |
| Eibelgupf | 5715 |
| Erlakogel | 5066 |
| Eibenberg | 5095 |
| Flachkogel | 7159 |
| Feuerkogel (Hallstadt) | 6440 |
| Gosau-See, vorderer | 3132 |
| Gspranggupf | 4405 |
| Gartenzinken | 4963 |
| Griming | 7424 |
| Grossglockner | 11991 |
| Grundlsee | 2200 |
| Grimberg, hoher | 7191 |
| Gosau-See, hinterer | 3700 |
| Gjaidstein, hoher | 9096 |
| Graswand | 7628 |
| Goisern (Dorf) | 1561 |
| Gastein (Bad) | 3080 |
| Gmunden (Bad) | 1288 |
| Hall (Bad) | 1189 |
| Hallstadt | 1709 |
| Hohe Schrott bei Ebensee | 5798 |
| Höllkogel, höchster Punkt im Höllengebirge | 5955 |
| Höllkogel, kleiner | 5713 |
| Hochjoch | 4227 |
| Haintzen am Kattergebirge | 5174 |
| Hochglökl | 5631 |
| Hundskogel bei Ischl | 1984 |
| Hüttenek-Alpe | 3850 |
| Hallstätter See | 1597 |
| Hirlatz bei Hallstadt | 6377 |
| Hochkreuz | 8506 |
| Hebenkäs, südwestlich vom Hinterstoder | 7215 |
| Heuberg bei Salzburg | 2168 |

|  | Wr.-Fuss |
|---|---|
| Hirschwaldstein, südlich von Kirchdorf | 3455 |
| Hocheis in Berchtesgaden | 8221 |
| Hochgolling, Felsenspitze südlich von Schladming | 9015 |
| Hochkalter in Berchtesgaden | 9013 |
| Hochkönig im ewigen Schnee bei Werfen | 9208 |
| Hochsens, südwestlich von St. Pankraz | 5808 |
| Hochzink am steinernen Meer | 8385 |
| Ischl (Bad) | 1530 |
| Imbachhorn, westlich vom Dorfe Fusch | 7812 |
| Jainzenberg | 2597 |
| Jägerkogel | 5880 |
| Kranabethsattel | 4923 |
| Kasberg | 5515 |
| Kattergebirge | 4596 |
| Kothalpe | 5616 |
| Kalvarienberg bei Ischl | 1653 |
| Kahrkogel | 5649 |
| Kolowrathurm bei Ischl | 3582 |
| Kopfwand | 6772 |
| Käferspitz, südwestlich vom Dorfe Steyerling | 3316 |
| Kapuzinerberg bei Salzburg | 1910 |
| Karkogel am Todtengebirge | 4884 |
| Karls Eisfeld Gletscher am Dachstein | 8800 |
| Kalmbergspitz | 5791 |
| Katherin-Alpe | 4454 |
| Lauffen (Markt) | 1499 |
| Linz (Stadt) | 801 |
| Langbathsee, vorderer | 2100 |
| Langbathsee, hinterer | 2298 |
| Lahnfriedstein | 8200 |
| Leonsbergzinken | 5688 |
| Lueg-Pass | 1502 |
| Mittagkogel | 5390 |
| Mallnitzertauern | 8000 |
| Meer, das steinerne | 6680 |
| Nassfelder Tauern | 8000 |
| Narr, hoher | 10309 |
| Narren-See | 1911 |
| Otterstein am Dachstein | 7080 |

|  | Wr.-Fuss |
|---|---|
| Offen-See | 2070 |
| Pötschenhöhe | 3234 |
| Pöstlingberg bei Linz | 1704 |
| Priel, grosser | 7945 |
| Priel, kleiner | 6725 |
| Pyrgas bei Spital am Pyhrn | 7088 |
| Radstätter Tauern | 9762 |
| Radstatt | 2708 |
| Redtenbachkogel | 4578 |
| Redtengraben-Alpe | 4308 |
| Rinnerkogel | 6366 |
| Rudolfsthurm | 2668 |
| Raschberg | 4754 |
| Salzburg (Stadt) | 1276 |
| Schafberg | 5630 |
| Schönberg | 6612 |
| Sonnensteinspitz | 3275 |
| Speigkogel | 5443 |
| Schneebergwand, hohe | 8904 |
| Sandling, vorderer | 4343 |
| Sandling, hinterer | 3896 |
| Schreyerwand am Dachstein | 8629 |
| Sarstein, hoher | 6240 |
| Sonntagkahrkogel | 5310 |
| Spitzmauer im todten Gebirge bei Hinterstoder | 7152 |
| Staufen, hoher | 5591 |
| Staufen, niederer | 5561 |
| Traunstein | 5342 |
| Traunfall | 1210 |
| Traunsee | 1334 |
| Trisselberg (Loser) | 5655 |
| Todtengrabengupf, Höllengebirge | 5758 |
| Taxenbach | 2460 |
| Taubenkar am Dachstein | 5676 |
| Tauernkogel zwischen Mittersil und Windisch-Matrei | 9427 |
| Thörlwand | 4116 |
| Thor, hohes, am Raurisertauern | 8280 |
| Thorstein | 9490 |
| Untersberg, Salzburger hoher Thron | 5864 |

|  | Wr.-Fuss |
|---|---|
| Untersberg, Berchtesgadner | 6276 |
| Venedigerspitze | 11622 |
| Watzmann | 8578 |
| Warschenek bei Windisch-Garten | 6576 |
| Weisshorn | 5520 |
| Waising | 6528 |
| Wildensee | 4870 |
| Wildenkogel | 6600 |
| Wankgupf | 6329 |
| Wildenstein-Ruine | 1875 |
| Wieselsteinkopf am Tännengebirge | 7268 |
| Wiesbachhorn südwestlich von Fusch | 11318 |
| Zinken, hoher, am steinernen Meer | 8385 |
| Zistelalpe auf dem Gaisberge | 3049 |
| Zwölferkogel | 5092 |
| Zimitz | 5990 |
| Zmollinger, südlich vom Dorfe Molln | 3326 |

---

## XXVIII.
### Wohlmeinende Rathschläge während der Cur.

Der erste Schritt, den der hier ankommende Curgast zu machen hat, ist der zum Arzte. Wurde dem Curgaste nicht schon von seinem Ordinarius ein Badearzt von Hall anempfohlen, und ihm für diesen eine schriftliche Krankenbeschreibung mitgegeben, so möge er sich aus den hier anwesenden Badeärzten einen wählen, und ihm mit der grössten Offenheit und ohne Scheu seine gegenwärtigen, vergangenen und längst vergangenen Leiden eröffnen.

Allen Jenen, welche von einer weiteren Reise ermüdet ankommen, ist besonders anzuempfehlen, die Cur nicht gleich nach ihrer Ankunft zu beginnen, sondern sich erst einige Tage von der Reise zu erholen.

Bei der Wahl der Wohnungen sehe man vorerst, dass dieselben nicht feucht oder einer besonderen Zugluft ausgesetzt sind.

Nach dem Bade ist es rathsam sich immer mit einem Oberkleide zu bedecken und sich einige Zeit Ruhe zu gönnen, weil sehr leicht kalte Gänge, Zugluft, Windstösse dem Kranken schaden und ihm eine Krankheit zuziehen könnten, welche ihm im Curgebrauche dann hinderlich sein würden; — überhaupt kleide man sich Morgens und Abends immer wärmer.

Jeder Curgast, welcher eine Trinkkur unternimmt, sei es eine Molken- oder Mineralwasser-Cur, soll sich durch nicht zu heftiges Regenwetter nicht zum Aussetzen in seiner Cur bewegen lassen, weil ein öfteres Aussetzen die angestrebten Resultate einer Cur sehr verkürzen würde.

Ingleichen soll jeder eine Trinkkur gebrauchende Curgast nur einfache, leichte Kost und diese auch nur mässig geniessen. Eine kräftige Suppe ohne jedwedes Gewürz, junge und zarte Gemüse, sowie gut gebratenes Fleisch und Geflügel, sind die einfachsten und gesündesten Speisen, jedenfalls meide man alle künstlich zubereiteten, sauren und gewürzten sowie fetten Speisen, und geräucherten Fleischgattungen.

Obst meide man Vormittags ganz und geniesse höchstens nach Tische einige unserer aromatischen Gebirgserdbeeren.

Bier und Wein sollen nur mit Erlaubniss des Arztes getrunken werden, sonst stärke sich der Curgast mit unserem vorzüglichen frischen Trinkwasser, oder mit guter süsser, sowie saurer Milch.

Der Curgast soll immer den Zweck seines Hierseins vor Augen haben, und auf das pünktlichste daher seinem Arzte in Allem und Jedem Folge leisten.

Der Curgast stehe zeitlich, 5 —6 Uhr Morgens auf, da der Morgen der erquickendste Theil des Tages ist, lege sich aber auch dafür längstens um 10 Uhr zu Bette, indem ein Schwärmen bis in die Nacht hinein das Schädlichste für einen, eine Kur gebrauchenden Kranken ist, und bei öfteren Vorkommnissen auch sehr störend auf eine Cur einwirken kann.

Der Vormittag sei der Cur und Erholung, der Nachmittag der nothwendigen Zerstreuung, der Abend einem bescheidenen Vergnügen und der Ruhe gewidmet.

Der Mangel mancher wünschenswerthen Abwechslung in den Zerstreuungen und Unterhaltungen, wie solche die Städter gewohnt sind, und welche sie mitunter sehr schwer hier entbehren, unterstützt oft wesentlich eine Cur, weil eben durch diesen Mangel das Vergnügen und die Zerstreuung des Curgastes eine für ihn höchst angezeigte Abwechslung finden.

Es sind ja eben der Wechsel der Luft, die in jeder Beziehung veränderte Lebensweise, das Beiseitelassen aller Geschäfts- und anderwärtigen Sorgen, die vielleicht ungewohnte Ruhe; wesentliche Faktoren zur Erzielung einer guten Cur.

Nach geendetem Curgebrauche setze man die während der Curzeit befolgte Lebensweise noch einige Zeit fort, und ändere sie erst nach und nach ab, weil ein höchst wichtiges und zu berücksichtigendes Moment die Nachwirkung ist.

Druck von R. v. Waldheim.